幸福結婚をあなたへ

理想のパートナーが見つかる12のヒント

幸福結婚相談所 所長
横森しず香

はじめに

幸福結婚相談所は、幸福の科学が運営する「幸せな結婚をして、幸せな家庭を創りたい！」と願う方のための結婚相談所です。

現代は、働く女性も増え、晩婚化、非婚化、そして少子化が進んでいます。「働き続けるか」「結婚するべきか」と悩んでいる方も、数多くいらっしゃいます。

しかし、今、女性たちには、様々な選択肢が与えられています。「社会で活躍し続ける」ことも、「結婚して夫と子どものために生きる」ことも、「働きながら幸せな家庭を築く」ことも自由に選択できる時代です。過去の結婚観にとらわれることなく、一人ひとりの創意工夫で、「新しい幸福な結婚のカタチ」を創造していくことができるのです。

人生100年の時代もすぐそこまで近づいてまいりました。伴侶の選択は、幸福な人生を送るうえでとても大事なことです。

正しい人生観に基づく「幸福結婚」成就《じょうじゅ》に向けて、勇気ある一歩を踏み出していただきたいと思います。

この本のなかには、様々な環境のなかで悩みを持ちながらも、自分自身としっかり向き合い、新しい人生を歩み出した12組のカップルの婚活体験談をご紹介させていただきます。

みなさまの幸せな結婚、幸福な人生を送るためのヒントとなれば幸いです。

２０１７年１月10日

幸福結婚相談所所長　横森しず香

Contents

11 「年齢的に、もう無理？」とあきらめかけているあなたへ

※文中の体験談に登場する人名は原則、仮名としています。

1

「結婚って
したほうがいいの？」と
思っているあなたへ

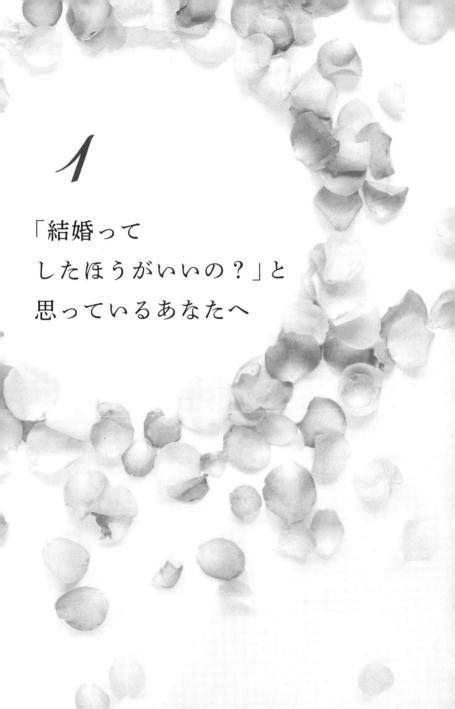

「結婚のイメージが湧かない」

「結婚って、どうしてもしなくてはいけないものなの?」「結婚しても幸せになれるとは限らないのでは?」「結婚すると何がどう変わるの?」と、結婚に対して漠《ばく》然《ぜん》とした疑問を抱いている方は多いのではないでしょうか。

友人や身近な人の結婚や出産を見て、「私もそろそろ結婚したほうがいいのかな……」と考えはするものの、具体的な結婚のイメージが湧かずに、時間ばかりが過ぎていっている人もいるでしょう。

幸福結婚相談所にいらっしゃる方からも、「なんとなく結婚はしたほうがいい気がするけれど、結婚がどういうものなのか、実はよくわからないんです」という声をよく聞きます。

ある大学では、学生が結婚や家族について真剣に考えたうえで将来設計ができるように、『婚学』講座」というものを開催したところ、募集人数の5倍もの応募があったとのことです。そのくらい結婚について知りたいというニーズはあるのですが、普段、学校や会社で教わったりしないので、結婚生活をイメージできなくて悩んでいる人は多いようです。

結婚しても幸せにはなれない？

結婚がどういうものか最も身近に学べるのは、自分の両親の姿でしょう。

両親の仲が良ければ、自分も結婚して幸せな家庭を築くイメージが描きやすいと思いますが、残念ながら、両親を見ていて心から「結婚っていいものだな」と思えている人はそれほど多くはありません。たいてい、「大変なことがいっぱいだな」と冷静に分析しています。

それに、日本人は「愛してるよ」「あなたと結婚してよかった」という言葉は、思っていてもあまり口には出さないし、「結婚っていいものなのよ」「お父さんは、お母さんのこんなところを好きになってプロポーズしたんだ」といった話をすることもほとんどありません。むしろ小言を言ったり、夫婦喧嘩《げんか》をしているのを見るほうが多いのではないでしょうか。そんななかで育っているので、結婚がいいものなのか悪いものなのかがわかりにくいのです。

また、現代では家庭内暴力や不倫などが原因で離婚してしまう夫婦もたくさんいます。そうすると、結婚に対して良いイメージが持てなくなるのも無理はありません。「結婚しても幸せにはなれないんだ」「両親のように結婚して苦労したくないから、無理に結婚しなくてもいいかな」と結婚を否定的に捉えるようになってしまいます。

母親に対して葛藤《かっとう》を抱いていませんか?

両親の夫婦関係が良好でも、母親に対して苦手意識を持っていると、幸せな家庭を築いている自分をイメージできないものです。

現在は幸せな結婚生活をしているAさんも、子どもの頃から母親に厳しく育てられ、よく「なんでそんなこともできないの」と叱られていたことで、当初は、自分に自信を持てず、劣等感を抱えていました。そのため、「こんな自分では結婚しても幸せになれない」と思い込み、幸せな未来を描けず、結婚に対して恐怖心を持っていました。

それが、幸福結婚相談所の交流会で今のご主人と出会い、「この人を支えたい」と、自分が相手を幸せにしたいと心から思えるようになったことで、幸せな未来を描けるようになり、劣等感も解消されたのです。

しかし、Ａさんと同じように、母親との関係から劣等感を抱えている女性は少なくないでしょう。

また、「お母さん大嫌い」「お母さんのようになりたくない」と、母親を否定する気持ちがあると、「理想の妻」「理想の母親」像が描けず、無意識のうちに、自分が妻や母親になることを拒否して、結婚から逃げてしまうことがあります。

結婚って素晴らしい！

これまで述べてきたように、両親の仲が悪かったり、母親に苦手意識があったりすると、幸せな結婚生活をイメージするのはなかなか難しいのですが、結婚はとても素晴らしいものです。私自身も、結婚して３人の子どもを育てましたが、本当に結婚してよかったと思っています。

結婚は、「相手のことを心から理解しようとする努力」と、「自分のことを理解してもらおうとする努力」の双方がなければうまくいきません。なぜなら、それが愛だからです。愛とは、相手に関心を持つことです。それは、夫婦間だけでなく、近所の人たちとの付き合いにおいても、会社のなかの人間関係においても、国と国との関係においても、すべての基礎となるものです。

普通の人間関係であれば嫌いな人は避ければ済むのですが、夫婦関係はある意味で逃げられません。だから、真摯《しんし》に相手とも自分とも向き合わなければいけません。そういうなかで、忍耐力が培われたり、器が広げられたりするのです。それは自分を成長させるうえで、非常に大切なことなのです。

たとえ考え方の違いでぶつかることがあっても、夫婦が互いに理解しようと努力し、何年も寄り添って一緒に生活することで、人生に彩《いろど》りが加わります。また、一人で生きていては得られなかったものを得られます。

人間は「男」と「女」という二つの性を神様から与えられています。では、神様はなぜ男女を違うものとして創られたのでしょうか。それは、「互いに異なった価値観を共有し、ともに協力し合うことで、実り多い経験を得てほしい」という神様の慈悲なのではないかと思います。そう考えると、結婚って本当に素晴らしいものだと思いませんか。

幸福結婚エピソード1

結婚して気づいた両親の愛

斎藤恵《めぐみ》さん（41歳）の場合

「結婚は女の墓場」が口癖の母親

恵《めぐみ》さんはお姉さんの紹介で幸福結婚相談所に来られました。最初の面談で家族のことや結婚観について恵さんにうかがったところ、結婚に対してあまり良いイメージを持っておらず、「結婚しても幸せにはなれない」と思っているようでした。

先に、「両親の夫婦関係から影響を受けて、あなたの結婚観はつくられている」ということを述べましたが、恵さんも、自分の両親を見ていて結婚が幸せなものとは考えられなかったのです。

恵さんの父親は亭主関白《ていしゅかんぱく》の厳しい人で、母親は父親の言うことを黙《だま》って聞くことが多かったそうです。両親が喧嘩《けんか》した後、母親が決まって「さっきの喧嘩は、お母さんが悪かったの」と一方的に自分に非があったように言っていたといいます。そのように母親が父親にただ付き従っている様子を見てきた恵さんは、「夫婦が仲良く対等に家庭を築く」というイメージがまったく持てなかったのです。

また、「男が外で稼いで、女が家を守る」という時代でもあり、恵さんの家でも父親の裁量ですべてが決まったので、「女性は男性に養われているだけ」というイメージを持っていたそうです。そのため、女性にとっての家庭生活は「依存した生活」としか思えませんでした。

さらに、母親から口癖のように「結婚は女の墓場よ」と聞かされていたので、家庭に入って夫に幸せにしてもらうのではなく、一人の職業人として自立できるようになりたいと考えていたそうです。

それでも恵さんが幸福結婚相談所に入会しようと思えたのは、お姉さんが子どもに恵まれた仲の良い家庭を営んでいて、幸せそうな様子を見ていたからでした。

交流会での不思議な体験

入会した恵さんに、私は、幸福結婚相談所の交流会への参加を勧めました。父親への不信感からか、異性とのコミュニケーションが苦手なようだったので、まずは男性とのコミュニケーションに慣れていただこうと思ったのです。

ところが、そんな私の意図をいい意味で裏切るように、初めて参加した交流会で、恵さんは不思議な体験をします。

グループ別交流になった時に斎藤さんという物静かな男性と同じテーブルになりました。第一印象は「ぼそぼそと話す人」だったそうですが、彼と話をしている時に、彼の周りを小さな天使が見守るようにふわふわと飛んでいるように視《み》えたのです。恵さんは神様や天使の存在を信じていましたが、そうした体験は初めてでとても驚いたそうです。

驚きながらも、「天使に好かれているくらいだから、きっととてもいい人なんだ」と思ったそうです。素直でまじめな人柄が伝わってきて、初めて男性のことを信じる気持ちになれたといいます。

それがきっかけとなり、恵さんは交流会の最後に、斎藤さんともう一度会いたいと希望を出され、二人の交際がはじまりました。

斎藤さんはあまり積極的なタイプではなく、女性と話をするのも苦手でしたが、恵さんを地元に誘って案内するなど積極的に努力され、二人の結婚が決まったのです。

結婚してわかった父親の一面

二人が結婚の報告に来てくれた時、私は「結婚してからは、今までの2倍の努力が必要ですよ」とアドバイスしました。結婚は当事者だけの問題ではなく、お互いの家族とも深い関係を築いていくことになるからです。

斎藤さんは両親と祖母の住む実家に暮らしており、結婚後は3世代で同居することになりました。今では、恵さんは義父母や義祖母ともいい関係をつくり、子育てを頑張りながらとても幸せな家庭を築いています。

「確かに独身の時に比べて2倍の努力が必要だと実感しました」と言っていた恵さんですが、幸せな結婚をしたことで、父親に対する見方も大きく変わったそうです。

それまでは父親の厳しいところばかりを見ていましたが、決して豊かとは言えないなかで、3人の子どもを育ててくれていたことに気づいたといいます。亭主関白で厳しい一面は、家族を守ろうとする強い責任感から生まれていたものだとわかったと話してくれました。

父親と母親の関係についても、ずっと不仲だったわけではなく、仲の良い一面もあったこと、両親からたくさんの愛情をもらっていたことも思い出すことができたそうです。

◇　◇　◇

婚活において、幸せな家庭を築いているイメージをすることはとても大事です。ただ、それができなくて悩んでいる人は多いでしょう。確かに、育ってきた家庭環境を振り返ると、結婚に対してあまりいいイメージを持てない人もいるかもしれません。

しかし、私は確信を持って、「結婚は本当にいいものですよ」とお伝えしたいのです。幸福結婚相談所で結婚された方々も、「毎日が楽しいです。結婚っていいものですね」と口を揃えておっしゃっています。

素敵な出会いを引き寄せられるかどうかは、心の底から「結婚したい」と本気で願えるかにかかっています。そのためには、潜在意識で結婚を否定していてはいけません。

もし、あなたに「結婚したい」という気持ちが少しでもあるのであれば、「結婚は素晴らしいもの」と思って、「幸せな結婚をする!」と決意することが大切です。まずはそこからはじまるのです。

Column

夫婦はアコヤ貝のようなもの

結婚の素晴らしさは、夫婦が協力することでお互いの長所を伸ばし、欠点を補い合えるところにあります。

ただ、多くの場合、毎日の生活を続けていくうちに、いつのまにか相手の欠点ばかりが気になるようになるものです。しかし、そうした状態になった時に覚えておいていただきたいのは、それを乗り越えて結婚生活を維持していくなかに、また結婚の素晴らしさがあるということです。

幸福の科学グループ創始者兼総裁・大川隆法《おおかわりゅうほう》先生は次のように述べられています。

「結婚は、持続していくなかにこそ真実のものがあるのです。

アコヤ貝は、外から砂や小石などの異物が入ってくると苦しみます。しかし、やがて、その異物をみずからの粘液によってくるみ、固め、見事な真珠にしていきま

す。

真珠は、外からは何の欠けるところもないように見えます。何らの欠点もないように見えます。それが真珠の特徴です。しかし、その見事な真珠ができるには、『砂や小石が入ってアコヤ貝が苦しんだ』という事実があるのです。

夫婦とは、アコヤ貝のようなものかもしれません。アコヤ貝は二枚の貝殻からできています。夫婦は二枚の貝殻で一つの貝をつくっており、そのなかで、真珠のように見事なものをつくり出そうとしているのではないでしょうか」

（大川隆法著『限りなく優しくあれ』82～83ページ）

夫婦は、アコヤ貝のように、お互いに真剣に向き合い、苦難や困難を乗り越えながら、人生をともに歩んでいくことで、真珠のような家庭を創っていくことができ、たくさんの学びと幸福を得られます。あなたもその幸福を得て、より豊かな人生を送りたいと思いませんか。

2

結婚に焦っている
あなたへ

あなたにとっての「理想の人」とは？

「いい出会いがなくて焦っている」という人は多いのですが、実はそういう人はたいてい本気では探していません。本当にいい出会いを求めているなら、「結婚して家庭を築きたい」ということを身近で信頼できる人に相談するのが一番です。ただ、そこまでしている人は意外と少ないのです。

「いい人がいたらお願いします」と周りの人にお願いしている人もいると思いますが、それで誰か紹介していただけるということはあまりないでしょう。なぜなら、「いい人」というのは抽象的で、その方にとっての「いい人」がどんな人なのかはほかの人にはわからないからです。だから、言われた人も、「それくらいならまだ本気ではないのだな」と考えてしまいます。

そもそも、自分で自分にとっての「いい人」がわかっていないことが多いようです。では、あなたにとっての「いい人」とはどんな人なのでしょうか。

みなさんが希望される結婚相手の条件は、たいてい、「年収1000万円以上」「都会在住」「親と同居は嫌」「身長175センチ以上」といったものです。しかし、そうした条件にあてはまる人があなたにとっての「理想の人」というわけではありません。

私たち人間の本質とは魂であり、その魂を磨き成長させるために、私たちは何度もこの世に生まれ変わっています。ですから、結婚においても、あなたは自分の魂を成長させられる環境や相手を、生まれてくる前に選んできているはずなのです。

それを知るために、幸福結婚相談所では、「自分探しの旅」と呼んでいるのですが、自分としっかり向き合って、等身大の自分を知っていただくようにしています。

そうすると、どんな人が「自分の魂を成長させてくれる人」なのかがわかり、その人が「理想の人」となってきます。そして、不思議と相手が出てくるのです。

婚活は自立する大きなきっかけ

自分と向き合ううえで大事なのは、親離れすることです。

現代では1世帯当たりの子どもの数が減り、子どもに過干渉な母親も増えてきています。親の世代は失敗経験もたくさんしているので、親心として、子どもには失敗させたくない、苦労させたくないという気持ちがあるのはわかります。ただ、私自身、子育てをしていて、親が口出しをして失敗させないようにするのではなく、その子なりに経験して智慧《ちえ》に変えていかなければいけないとつくづく感じています。

親が「それはだめ」「これはこうしなさい」などとあまり言いすぎてしまうと、子どもは自信が持てないまま成長し、自分で決断ができない大人になってしまいます。そういう人の場合、結婚しても、親が新婚生活に介入してきたり、何かあるとすぐに実家に帰ったりしてしまうのです。

しかし、親がいつまでも一緒にいられるわけではありません。自分の人生は自分でつくっていかなければいけないのです。婚活は親から自立する大きなチャンスです。自分とよく向き合って、自分はどうしたいのかを考えて、自分で決断することが大事です。

親からのプレッシャーの対処法

ある程度の年齢になると、親から「結婚はまだなの?」と口うるさく言われてしまい、焦りやストレスを感じている人も多いと思います。「ほかのきょうだいは結婚できたのに、あなたはまだできないの？」と親からプレッシャーをかけられて精神的に追い詰められてしまい、泣きながら幸福結婚相談所に来た女性もいました。

しかし、親から急《せ》かされても、焦る必要はありません。だからといって、口出しされるのを面倒に感じて、いつまでも適当に返事をしていては、余計に心配させてしまいます。

親は、あなたに「結婚の意志があるのかないのか」がわからなくて不安を感じ、しつこく聞いてきているので、結婚の意志があるのであれば、とりあえずその意思表示はしておくとよいでしょう。「結婚は考えていますが、時期についてはもう少し待ってくださいね」と伝えるだけでも、親は安心するものです。

幸福結婚エピソード２

実家を出て「結婚したい」と思えた

鈴木絵美さん（35歳）の場合

母親からのプレッシャー

絵美さんは今時の〝できる女性〟で、仕事に没頭していました。結婚については「いい人がいれば」というくらいにしか考えていなかったのですが、実家で暮らしていたため、毎日母親から「結婚はまだなのか」と言われ続け、次第に焦りを感じるようにもなりました。絵美さんにはお姉さんもいましたが、海外でバリバリ仕事をしていたため、親も結婚させることをあきらめていて、妹の絵美さんにプレッシャーが集中していたのです。

とにかく母親を安心させようと、形だけの登録のため近所の一般の結婚相談所に行ったこともあります。ところが、その際に母親も一緒について来てしまい、その後の婚活状況を逐一《ちくいち》聞かれるようになり、さらにプレッシャーがかかってしまいました。

30歳を迎えた時、絵美さんは会社の人事異動で実家から引っ越すことになりました。親元を離れたことで、ようやく落ち着いて心を見つめたり、理想の家庭像を考えたりする時間が持てるようになり、幸福結婚相談所にいらっしゃったのでした。

真剣に婚活に取り組む絵美さんでしたが、幸福結婚相談所が主催する交流会に参加しても、「この人と結婚したい」と思える方との出会いはなく、こちらからご紹介した男性と会っていただいても、いざ「結婚」ということを考えると、なんとなくピンとこない……。そんな調子で数カ月がたちました。

絵美さんはずっと結婚のプレッシャーをかけられていたことで母親から責められているように感じ、「結婚しないといけない」と思うものの、本当の意味で「結婚したい」という気持ちにはなれていなかったのです。

婚活状況を冷静に見つめる

そんな絵美さんに私は、幸福結婚相談所で婚活している方々がどんなことを考えているのか、どんな悩みがあるのかなどをお伝えしました。それによって絵美さんは、自分と同じように、みんなスムーズに進んでいるわけではないのだと気がつき、少し気持ちが楽になったそうです。

その後、交流会への参加や、結婚の願いを込めた祈願を重ねていくなかで、人生設計なども考えることができ、「結婚したい」という気持ちが大きくなっていったといいます。そして、「自分にできることをやり、あとは神様に全託《ぜんたく》しよう」という思いになっていった矢先に、私から連絡が来たそうです。

私は、鈴木さんという方をご紹介しました。鈴木さんは仕事ができて、知的で寛容な男性です。絵美さんはとても仕事ができて賢い方だったので、結婚相手も知的で優秀な人がいいだろうと考えてのことでした。

また、結婚後も仕事を続ける意思を持っていたので、彼女の仕事を尊重できる男性でないといけません。鈴木さんはその点でもぴったり合うだろうと考えたのです。

二人は初対面にも関わらずとても話が合って、絵美さんは「この人と結婚するのかもしれない」と感じたそうです。

その後、二人で交際の報告に来てくれた時は、とても幸せそうでした。

結婚後の現在は、お互いに支え合う仲の良い夫婦になっています。

初めて気づいた母の愛情

実は、絵美さんは結婚を急《せ》かされる以前から、母親に対して葛藤《かっとう》がありました。勉強のできる優秀な姉と比べられていると感じ、「自分は母親から認めてもらえていない」という気持ちを強く持っていたそうです。

しかし、結婚・出産を経験したことで自分が母親の立場になり、初めて母親の気持ちや愛情に気づくことができたと言っていました。

出産の時には、病院に付き添いに来てくれた母親に「私を産んでくれてありがとう」と素直に伝えることもできたそうです。

今は子育てを通じて、母親も自分を苦労しながら育ててくれたのだと実感し、より感謝を深める毎日を過ごしているようです。

◇　◇　◇

親から結婚のプレッシャーをかけられて困っている人は、絵美さんのように実家を離れ、自分の人生プランを一人でゆっくり考える時間をつくるとよいでしょう。

ただ、親はあなたの幸せを心から願ってくれていますから、親に感謝し、素直に話を聞く姿勢も大切です。

Column

結婚していく友人には祝福を

「結婚したい」と思っている方や婚活している方のなかには、先に結婚していく友人を素直に祝福できず、モヤモヤした気持ちになってしまう人もいると思います。一緒に婚活を頑張っていた友人の結婚が決まっていくと、焦ったり、「友人と比べて足りないところがあるから、自分は結婚が決まらないのだ」と自分を否定したりしてしまうこともあるでしょう。

しかし、周りの人がどうなろうと、あなたの価値は変わりません。また、結婚が決まった友人に嫉妬していても幸福にはなれません。結婚が決まった友人を「おめでとう」と素直に祝福できるようになると、あなたにも結婚の道が開けていきます。これはなぜかというと、ほかの人を祝福する気持ちがあなたをより美しく、より素晴らしくしてくれるからです。

大川隆法《おおかわりゅうほう》先生も著書のなかで次のようにおっしゃっています。

「年ごろの女性が二人いて、片方は美人であり、もう片方は不美人だとすると、美人のほうが先に結婚するとは限りません。不美人のほうが先に結婚することも当然ありますが、そのときに、美人のほうは不美人のほうを祝福できるでしょうか。自然な情《じょう》としては、『なぜ、あなたが結婚できるのよ』と言いたくなるでしょう。しかし、それでは普通の人なのです。（中略）

心に余裕があるのであれば、不美人のほうが結婚できたことを『素晴らしい』と思い、『〇〇さん、よかったわね。私もうれしいわ』と言って、心から喜んであげるとよいのです。

そうすると、もちろん、友情も続きますが、美人のほうは、その美しさを、さらに際立たせることになります」

（大川隆法著『心を癒す　ストレス・フリーの幸福論』１２５ページ）

素直に祝福できない相手、うらやましいと思う相手は、あなたの理想像であることが多いのです。その人に対して、「どうして彼女が私より先に結婚が決まるの？」と嫉妬したり、相手の幸せを否定する気持ちを抱いたりすると、あなたは自分の理想像も否定することになります。そうすると、理想像から遠ざかっていき、結婚も遠ざかっていくのです。

そうではなく、周りの人の幸せを心から祝福する気持ちがあると、人を幸せにするオーラが出てきて、素敵な人を引き寄せるのです。

3

「出会いがない」と嘆くあなたへ

条件にこだわりすぎていませんか?

婚活の相談で一番多いのは、「出会いがない」というお悩みです。昔は適齢期になると、親戚や近所のお世話好きな人が結婚相手を紹介してくれたものですが、最近ではそうしたことは少なくなりました。また、社会人になると仕事が忙しくて新しい出会いを探す余裕もなくなります。そのため、「結婚願望はあるけれど、いい出会いがない」と悩んでいる方は多いと思います。

なかには本当に異性との出会いがまったくないという人もいるかもしれませんが、ほとんどの方は、「周りに異性はいるけれど、自分の理想の人とは出会えない」と悩んでいるのではないでしょうか。

結婚願望があれば、誰もが理想の結婚相手はどんな人か考えたことがあると思います。容姿や職業、収入、性格など、様々な条件があると思いますが、相手の条件にこだわりすぎて、せっかく交際を申し込まれても、「もっといい条件の相手が見つかるはず!」と考えて、断ってしまってばかりいたら、なかなか結婚まで辿りつけません。

今は外見がよく、収入の高い男性でも、年をとれば容貌は衰えていきますし、勤め先の倒産や、リストラの可能性だってあります。表面的な条件はいつ崩れるかわかりません。

ですから大切なのは、そうした価値観だけではなく、「自分が尊敬できる何か」があるかです。相手のなかに自分が尊敬できるものを見つけ出せたら、収入などの条件はあまり気にならなくなってくるものですし、あなたにとってかけがえのない人になっていきます。

その一つの指標として、「老後を一緒に過ごしているイメージ」ができるかどうかを考えてみるとよいでしょう。例えば、相手が歩けなくなったとしても、身体をきれいに洗ってあげたいと思えるかどうかということです。イメージができるようなら、その相手があなたにとっての理想の人と言えるでしょう。

大事なのは価値観を理解できるか

条件ばかり気にする人は、「この人は、私を幸せにしてくれるかどうか」という視点で相手を選んでいるように感じます。

しかし、家庭は、相手から何かを与えてもらうものではなく、夫婦が協力して一緒に創り上げていくものですから、「相手に何をしてもらえるか」ではなく、「自分が何をしてあげられるか」を考えなければいけません。

そのため、結婚相手を選ぶ際には「相手の価値観や考え方を理解できるかどうか」が大事です。その人が考えている将来設計や人生観などを聞いておくとよいでしょう。もちろん、あなた自身も、「どんな人生を送りたいのか」「どんな家庭を築きたいのか」をよく考えておきましょう。

また、仕事に対する考え方を知ることも必要です。それを理解してサポートできるか、「もし相手に何かあった時に支えて力になれるか」ということを考えられるかどうかです。

相手が大事にしているものを自分も大事にできるかどうかという点も大切です。

普通は自分が大切にしているものを相手に押しつけてしまって衝突するのですが、相手が大切にしているものを自分も大切にすることができれば、ぶつかることはありません。

しっかりとコミュニケーションをとって、お互いを知る努力をしましょう。

結婚相手は直感でわかる？

具体的な条件があるわけではなくても、「〝約束してきた人〟かどうかがわからなくて、結婚に踏み切れません」と言う方もいます。「結婚相手を直感でわかるようになるにはどうすればいいですか？」と聞かれたこともありました。

不思議なことに、結婚が決まる前はわからなくても、決まってから「今回初めて出会った人ではないな」「過去世《かこぜ》でも夫婦だったかもしれない」と思うものです。

結婚が決まる前から、「この人が運命の人とわかれば結婚してもいい」などと言っている人は結婚なんてできません。

初めて会った瞬間に結婚相手だと感じた人と幸せな結婚をすることもあると思い

ますが、直感に頼って「運命の人」を待っていたら、それだけで人生が終わります。神様や天使の助けがあるとしても、自分の人生ですから、自分が一番努力しなければいけないのです。運命論に頼っている人は、結局、自分で決断することから逃げているのです。迷ったり苦しんだりしながらも、自分は何を幸せだと思えるのかということを自分で考えなければいけません。

幸福結婚エピソード3

イケメンが好きだったけれど……

佐藤美穂さん（49歳）の場合

条件は身長が高い人

美穂さんは2015年に入会しに来られたのですが、その2年前に、すでに入会していた友人に誘われて交流会にだけ参加されたことがあります。ただ、その当時は、仕事が忙しく、結婚に対しても「幸せ」というより「自由が奪われる」というイメージを持っていて、結婚は考えていなかったそうです。

それでも真剣に自分の将来について考えていくうちに、「やっぱり結婚したい」と思うようになり、友人に背中を押されて、ようやく入会されたのでした。

入会後、美穂さんはさっそく交流会に参加されましたが、緊張してしまってなかなか雰囲気に溶け込めていない様子でした。そこで、ブッフェ形式の食事の際に幸福結婚相談所のスタッフがある席に案内したところ、佐藤さんという男性と同じテーブルになります。佐藤さんはとても優しい方で、美穂さんも緊張がほぐれ、とてもいい雰囲気でお話をされていました。食事の後、くじ引きで決まったグループで話をする時間をとっていたのですが、そこでも美穂さんは佐藤さんと同じテーブルになりました。

その夜、面談の時間を設けていたのですが、私は美穂さんが「結婚相手に希望する条件」に「自分よりも身長の高い人」と書いていたことが気になりました。

美穂さんだけでなく、背の高い人を希望する女性はけっこういらっしゃいます。それがどの程度の希望なのかをいつも確認しているのですが、なかには何がなんでも身長が大事で、「背が高くないと男性として見られません」と言う人もいます。そうした場合は仕方がないのですが、そこまでではない場合、その条件は選択肢を狭めてしまうので、外したほうがその方にとって幸せなのではないかと思った時は、外していただいています。

美穂さんに、「身長が気になるの？」と聞いたところ、「気になりません」と答えたので、「すぐに結婚できますよ」とお伝えしました。その日の様子を見ていて、佐藤さんは美穂さんを選ぶのではないかと感じたのと、二人は合うだろうと思ったからです。ただ、佐藤さんは美穂さんと同じくらいの身長しかなかったので、美穂さんがどれくらい身長にこだわるか次第でもありました。

タイプじゃないけど、居心地のいい人

翌日のくじ引きでも美穂さんと佐藤さんは一緒になり、交流会終了後、帰りの新幹線を降りた東京駅でも、二人は偶然会ったそうです。

そこまで偶然が重なると運命を感じる人も多いと思いますが、美穂さんは「よく一緒になる人だな」くらいの印象を持っただけでした。というのも、身上書には書いていなかったのですが、結婚相手の理想がとても高く、特に外見にはこだわりがあったからです。

美穂さんは学生の頃からいわゆるイケメンが好みで、周りの友達から「外見ばかり気にしていたらだめだよ」「あの人はかっこいいけど、やめといたほうがいいよ」と忠告されても、外見のいい人にばかり惹かれたそうです。そのため、お付き合いしてもうまくいかず、痛い思いをすることもあったといいます。そんな美穂さんにとって佐藤さんは見た目がタイプではなかったようです。

一方、佐藤さんは美穂さんとの縁を感じ、交流会が終わった後に二人で会うことを希望されました。それを美穂さんに伝えると、しばらく悩んでいましたが、「せっかく選んでくださったのだから」と、会う決心をされ、お引き合わせが決まりました。

実は、見た目は好みではなかったものの、東京駅で偶然会った時、佐藤さんから「また会いましょう」と言われたのが心に残っていて、美穂さんは「この人ともう一度会うのかな」と思っていたそうです。

そうして、佐藤さんが2日間の休みをとり、美穂さんの地元に来てくれました。一日中二人で話をしているうちに、美穂さんはずっと前から一緒にいたような居心地のよさを感じたといいます。自分をよく見せようとしなくても、佐藤さんがありのままの自分を受け入れてくれているのが伝わってきたそうです。

外見を重視するのはプライド？

翌日は、佐藤さんはせっかくだからと言って、一人で観光に行かれました。美穂さんは仕事で休みがとれなかったので会わないつもりでした。

そんな時、よく母親から「あなたが結婚できないのは、プライドが高すぎるからじゃないの？　もっといい人じゃないと自分には釣り合わないと思っているんでしょう！」と言われていたことを思い出します。

美穂さんは「プライドが高い」という言葉がいつも引っかかっていました。そして、よくよく振り返って考えてみると、これまで結婚相手に求めていたものは外見で、周りからどう見られるかということばかり気にしていたことに気がついたのです。

そんな自己満足のための結婚ではうまくいかないと思った美穂さんは、佐藤さんの優しいところや誠実なところを思い返しました。すると、「やっぱり会いたい」という気持ちが湧いてきて、急遽《きゅうきょ》、時間をつくって佐藤さんのもとに会いに行ったそうです。外見ではなく中身を見た時に、美穂さんにとっての結婚相手の理想が変わったのでしょう。

その後、佐藤さんとの交際を続けていき、プロポーズを受け、一緒にいる安心感を得られたことから、結婚を決断されました。

また、「結婚したら自由が奪われる」というイメージを持っていた美穂さんでしたが、「結婚してかえって自由になりました」と言っていました。今まで一人でやっていたことを二人でできるようになったことで、活動の幅が広がったそうです。周りからも「いつも幸せそうだね」と祝福される幸せな結婚生活を送っています。

◇　◇　◇

美穂さんだけでなく、相手の容姿が気になってしまう人は多いです。特に身長を指定される方が多いのですが、そうした方々に聞きたいのは、相手の身長はあなたの人生にとって、本当に重要なものなのでしょうかということです。

実は、あなた自身が周りからどう見られているのかを気にしているのではないでしょうか。「かっこいい人と結婚して友達に自慢したい」「周りからうらやましいと思われたい」という気持ちがあるならば、考え方を変えたほうがよいでしょう。

見た目ではなく、相手の中身や本質の部分を見て、相手のいいところを発見できるようになると、きっと結婚相手が見つかるはずです。

Column

結婚後の姿がイメージできますか?

外見だけで相手を判断してはいけないと思っていても、結婚相手を見つけるとなると、どうしても気になってしまうこともあるでしょう。特に若いうちは、男性でも女性でも、相手の外見を気にしてしまうと思います。

外見の美しさに惹かれるのは悪いことではありませんが、外見だけで相手を判断し、好きになっているのであれば、本当にその人を愛しているとは言えません。容姿が衰えていけば、いずれその愛情は冷めてしまうからです。

外見は年齢とともに変化し、衰えていきますから、結婚相手を探す時は、現在ただ今の容姿で判断せず、相手の未来を考えてみることが大切です。

大川隆法《おおかわりゅうほう》先生からはこのようにアドバイスをいただいています。

「人生の先をじっと見つめて、『自分が、三十歳になったとき、四十歳になったと

き、五十歳になったとき、この人と一緒にいるだろうか。一緒にいられるだろうか。家庭を育んでいる姿が見えるだろうか。子供が生まれているだろうか。子育てをしているだろうか。晩年、死ぬときに、この人に看取《みと》ってもらえるだろうか。葬式を出してもらえるだろうか』ということを考えていただきたいのです。

さらに言えば、『あの世に還《かえ》ったあと、あの世においても、この人に会いたいと思うか』ということまで、自問自答していただきたいのです」

（大川隆法著『青春の原点』１３５ページ）

今は若々しくてかっこいい男性でも、いずれは年をとります。「老後もずっと一緒にいたいと思えるか。愛したままでいられるかどうか」をよくイメージしておきましょう。「この人がおじいちゃんになるまでそばにいたいな」と思えるならば、その相手とは幸せな結婚生活を送れるでしょう。

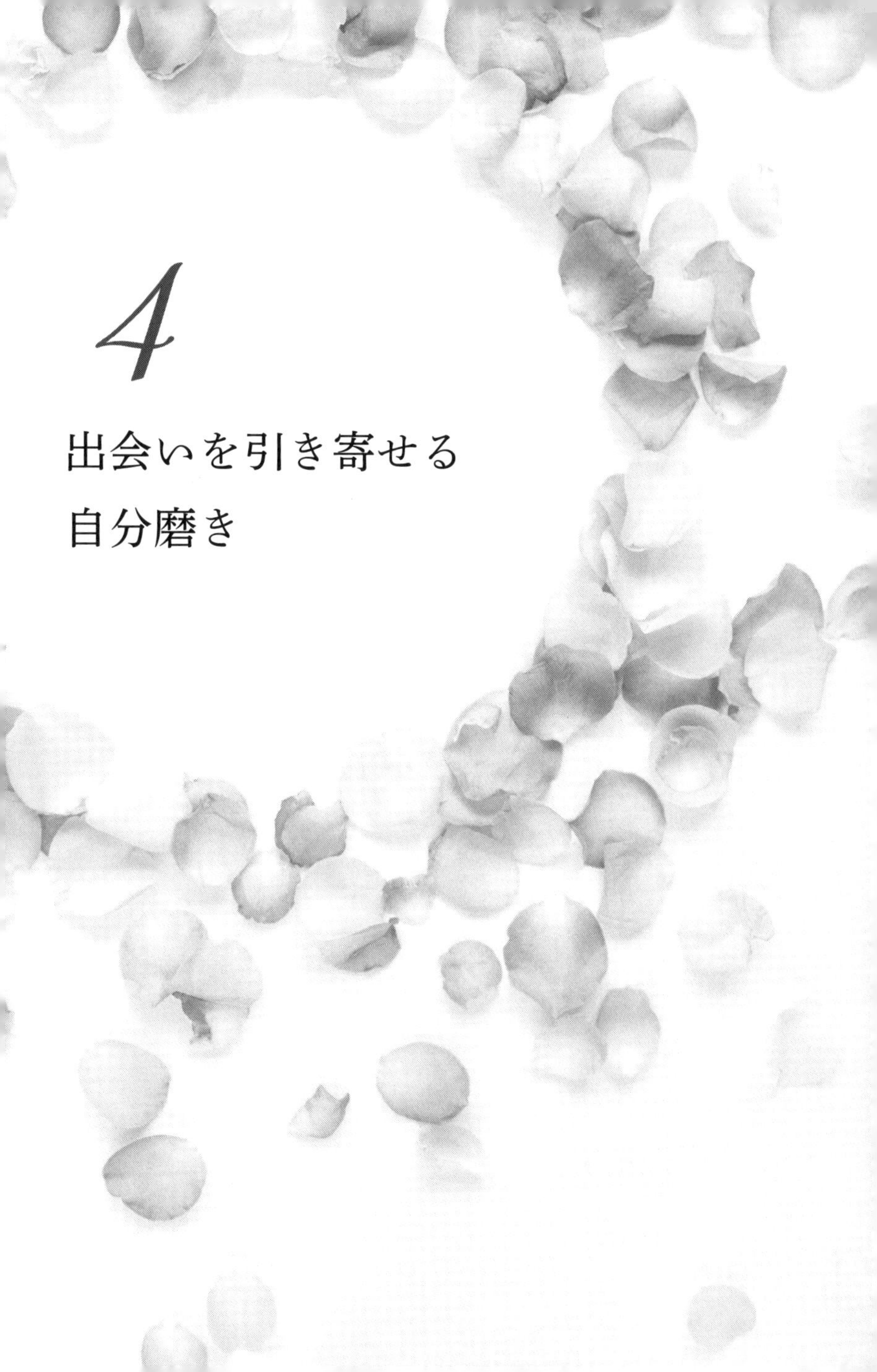

4

出会いを引き寄せる自分磨き

自分磨きで内面を磨きましょう

婚活中の方は、結婚に向けて料理教室やエステに通ったりして自分を磨く努力もしていると思います。ただ、そうした努力だけでなく、結婚のために自分磨きをするなら、内面も磨いて、心の美しい人を目指しましょう。

自分磨きのポイント① 自分を愛する

まず大切なことは、自分を愛することです。

競争社会のなかで、たいていの人は、きょうだいや友達、同僚など、ほかの人と比較され評価されて生きています。そのため、自分の足りないところや短所のほうばかりが大きく見えてしまい、劣等感を持っていることが多いです。短所を直すために努力することも大事ですが、それだけではなかなか劣等感は解消されませんし、自分に本当の自信を持つことができません。

特に婚活がうまくいっていない時期は自信がなくなってしまうものですが、そうした時にも忘れてほしくないのは、「あなたという存在は宇宙にたった一人しかいない」ということです。神様によって創られた、たった一人のあなたであり、大切な存在なのです。ですから、欠点があっても、「それも私」と思って受けとめ、自分のいいところを認めてあげてほしいのです。それが本当の意味で、自分を愛するということです。

そのためには、これまで生きてきたなかで、どれだけ多くの人たちに愛され育まれて、今の自分があるのかということに気がつくことが大事です。苦労したこともあったかもしれませんが、今のあなたがいるのは、決してあなた一人の力だけではないはずです。

多くの人の愛によって生かされてきた自分を知れば、きっと心が満たされて、あなた自身の素晴らしさが見えてくるはずです。

自分磨きのポイント②　感謝

多くの人から愛されていることを知ったら、次は自分を育ててくれた人たちに感謝の気持ちを持つことです。そうすると、きれいで清らかなオーラを放つようになります。

やはり、愚痴や不平不満でいっぱいの人よりも、いつも「ありがとう」と口にしている人のほうが一緒にいたいと思うものですし、周りの人への感謝に溢れている人を見ると、「きれいな人だな」という印象を受けます。それは、感謝する心の美しさが、外見にも表れてくるからです。

幸福結婚相談所で結婚が決まっていく人もみなさん、周りの人への感謝の言葉を口にしています。結婚が難しい状況にあっても、「この環境があったからこそ、今の自分があると思えるようになりました。ありがたかったです」と、感謝の言葉を言えるようになると、不思議なことに自然と結婚相手が現れてくるのです。

自分磨きのポイント③「誰かのために」という気持ち

三つ目は「自分以外の誰かのために素晴らしくなろう」という思いを大切にすることです。

「人からよく見られたい」「尊敬されたい」「少しでも条件の良い人と結婚したい」

という気持ちで自分磨きをしても、幸せな結婚にはつながりません。

あなたが努力することで、誰かを喜ばせることができるかどうか、役に立てるかどうかが大切です。

例えば、「将来の旦那さんのために、料理上手になろう」「海外で仕事をする人と結婚するかもしれないから、英語を勉強しておこう」といった動機で自分磨きをしてもよいと思います。

それが結局は自分のためになっているのですが、動機が自分以外の何かのためであることが重要なのです。

見た目の自己変革も「相手のために」と考えてやってみましょう。化粧や洋服選びが苦手な人もいるかもしれませんが、「身だしなみは周りの人に対する気遣い」です。見た目にも気を遣うと、相手は「僕に好感を持ってくれているのかな」と思いますが、何もしなければ「僕は恋愛対象ではないんだな」と感じてしまいます。お会いする相手に失礼のないように見た目にも配慮できる人は、結婚の道が開けていきます。

幸福結婚エピソード4

3年間の自分磨きがあったから

前田裕子《ゆうこ》さん（44歳）の場合

女性らしく振る舞えない

医師として活躍している裕子《ゆうこ》さんは、とても責任感が強く、仕事のできる優秀な女性です。４年制大学を卒業してから医学部に進学して医師になったので、ほかの人に遅れまいと必死に勉強し、仕事にも真剣に取り組んでいました。

裕子さんは乳がんの治療を担当していて、患者さんのほとんどが結婚して子どものいる女性です。病気のことだけでなく、姑や夫との関係、子どもの教育のことで悩んでいる方の相談にのることもあります。しかし、これまで勉強と仕事ばかりで恋愛経験がなかったので、十分なアドバイスができていないと感じていました。

そして、「このまま結婚しないでいいんだろうか。結婚してみないと人生で必要なことが学べないんじゃないか」と思いはじめ、幸福結婚相談所に来られたのです。

裕子さんはずっと男性ばかりの環境で仕事をしてきたので、男勝りなところもあり、交流会では「弱々しい男性ばかりで、相手が見つからない」と言っていました。仕事が忙しかったので見た目に気を遣う余裕もなく、交流会に来る時も化粧はほとんどせず、洋服は黒か紺色の地味なものばかりでした。

ご紹介した男性のなかには、交際を考えてくれていた方もいましたが、負けん気の強い裕子さんはなかなか素直になれず、どの方ともお付き合いにはいたりませんでした。そこで、男性と張り合ってしまう傾向性を変えるために、女性らしさを磨くための研修や祈願をお勧めし、何度も受けていただきました。

古い自分から脱皮

ある時、裕子さんは自分の部屋を見回して、小学校1年生から使っている勉強机など、子どもの頃からずっと捨てられずにいる家具で部屋がいっぱいになっていることに気がつき、「古い自分から脱皮したい」と思い立ちます。

そして、幸福結婚相談所に「今まで仕事に打ち込んできましたが、少しくらいなら自分に投資すべきでしょうか?」と相談に来られました。「もちろんですよ。お仕事を頑張るのも大切ですが、ぜひご自分のことも大切にしてくださいね」とお答えしたところ、引っ越しを決意し、それを機に思い切ってすべての家具と古くなった洋服を処分したのです。

それによって、古いものにしがみついている執着《しゅうちゃく》のようなものがなくなり、すっきりして、新しいことを受け入れられる心の余裕が生まれたようです。

家具を新調し、行きつけの美容室も変え、それまでまったく気にしていなかったファッションや化粧にも関心を持ち、おしゃれを楽しむようになっていきました。それによって自信がつき、雰囲気も柔らかくなっていきました。

そうして3年がたった頃、最初に裕子さんにご紹介した男性の前田さんが久しぶりに交流会に来られ、「裕子さんともう一度会いたい」と申し出てこられました。

前田さんは裕子さんと同じく医療関係で働いている方です。裕子さんのような強くて仕事のできる女医がたくさんいる職場なので、裕子さんのことをよく理解してくれるはずだと考えて最初にご紹介したのですが、その時は裕子さんからお断りされました。しかし、前田さんはお断りされてからも、医療雑誌に掲載されている裕子さんの論文や研究発表を読んだりして、ずっと気になっていたそうで、できればもう一度チャンスがほしいとのことだったのです。

裕子さんにお話ししてみると、「3年も覚えてくれていたなら、ある意味、女性冥利《みょうり》に尽きます」と返事をいただき、2回目のお引き合わせが決まりました。実は、裕子さんは婚活を進めていくなかで、最初に紹介された前田さんが一番よかったと思うこともあったものの、自分から断ってしまった手前、何も言い出せなかったそうです。その後、交流会でも前田さんを見かけなくなったため、てっきり、もう結婚されたと思い込んでいたのでした。

3年ぶりに再会した時、前田さんはとても驚いたようです。3年前はおしゃれをほとんどしていなかった裕子さんが、化粧をして明るい色の服を着ている姿を見て、思わず「女性になっている！」と言ってしまったくらいです。

その後、前田さんからプロポーズされた裕子さんは、「この年で私と結婚したいと言ってくれる人がいて、周りもそれを応援してくれるというありがたい状況は二度とないだろうな」と思い、結婚を決意されました。

自分磨きをしたからこそ決意できた

裕子さんは結婚後も「前田さんのためにいい奥さんになりたい」という気持ちで自分磨きを続けています。苦手だった料理も、料理教室に通い、調理器具を揃えてつくるようになりました。

また、表情が優しくなり、一段ときれいになりました。友人や患者さんからも「結婚して雰囲気が丸くなったね」と言われるそうです。

裕子さんは婚活を振り返って、「最初に主人のことを断ってしまったのは、仕事が忙しくて心の準備ができていなかったからでもあると思います。結婚が決まったのは、3年間自分磨きを続けたからです。あの時期がなければ、結婚の決意ができなかったでしょうし、主人から『もう一度会いたい』と言われても、断ってしまっていたかもしれません」と、自分磨きの大切さを語っていました。

◇　◇　◇

婚活は自分を磨く絶好の機会です。今まで通りだったら何も変わりません。新しいことに勇気を持ってチャレンジし、新しい自分に生まれ変わるつもりで変化を楽しんでいきましょう。

Column

理想の人に合う自分になろう

結婚のための自分磨きで大切なことは、あなたが理想とする相手の〝隣にいてふさわしい伴侶〟の姿を思い描き、そのイメージに近づいていけるように努力することです。「将来の結婚相手のために」という愛の心から努力していると、自然と楽しみながら自己変革していけるでしょう。

大川隆法《おおかわりゅうほう》先生も、理想の人に合った自分になることが大切だとおっしゃっています。

「自分にとって理想の相手を追い求めることが先決ではありません。（中略）理想の人が現われたとき、その人が結婚したくなるような自分とはどのような自分であろうかと考えて、そのための自分づくりをした人のところに、理想の人は現われるのです。（中略）

理想の人が現われたときに、その人と合うような自分をつくっておかないと、もし現われたとしても、新幹線のように通り過ぎていってしまうのです」

（大川隆法著『常勝思考』155〜156ページ）

幸せな結婚をするためには、相手と釣り合うかどうかも重要なことです。

例えば、「頭のいい人と結婚したい」と思うなら、あなた自身も日頃からよく勉強しておく必要があるでしょう。知的レベルがあまりにもかけ離れていては家庭での会話が成り立たないからです。

理想の人がいつ現れてもいいように自分を磨いておき、相手から「あなたと結婚したい」と言われるようなあなたになりましょう。

5

男性が苦手なあなたへ

父親を嫌っていませんか？

そもそも結婚以前の問題で、男性が苦手で恋愛ができないという相談もよく受けてきました。「男性が近くにいると緊張して、うまく会話ができない」「手をつなぐのも怖い」という人は意外とたくさんいます。そうした女性はたいてい、父親への苦手意識から、ほかの男性に対しても苦手意識を持っていることが多いようです。

普通、最も身近にいる大人の男性は父親なので、父親のイメージがそのまま「男性」というもののイメージになってしまいます。ですから、父親との関係が良好だと、ほかの男性にも抵抗なく接することができるのですが、父親を嫌っていると、ほかの男性に対しても同じように接してしまうのです。

また、両親が別居や離婚をしていて、父親と一緒に過ごした記憶があまりないと、「愛してくれなかった」という寂しい思いから、父親を裁くようになることがあります。そうすると、ほかの男性のことも裁くようになり、正しく見ることができなくなってしまいます。

そこで、父親との関係に何か引っかかるものがある人は、自分が抱いている父親のイメージが、実際の姿と一致するかどうか、今一度考えてみてほしいと思います。実は、父親を苦手に感じている人のほとんどが「母親を通した父親像」を持っています。

母親は父親のいいところも知っているはずですが、子どもの前ではそれについては言わずに、悪いところばかり言ってしまいがちです。そのため、父親と接する時間が少ないと、母親の言うことを一方的に聞かされている子どもは、「お父さんは○○な人で、だからお母さんが苦労しているんだ」と思ってしまいます。母親の夫への思いが、子どもにそのまま父親像として植えつけられてしまうので、父親を正しく見ることができなくなることが多いのです。

もし、あなたの持っている父親像が母親から影響を受けたものであるならば、父親を正しく見る努力が必要です。

父親を正しく理解しましょう

多くの人が「父親がいて当たり前」「父親なら働いて家族を守るのは当たり前」

と自覚なく思っているのですが、それが本当は当たり前ではないということに気がつかなければいけません。

ギャンブルにお金を使って稼ぎを持ってきてくれたことがないとか、お酒を飲んでばかりで家にいる時は家族に暴力を振るうとかいう父親もいます。そうした父親と比べれば、もし、あなたの父親がまじめに仕事をして、家族を養ってくれているなら、それだけでもありがたいことなのです。

また、幼い頃に父親を亡くしてしまった方もいます。そうした人と比べれば、父親という存在がいてくれるだけでもありがたいものなのです。

そして、父親を正しく理解することが大切です。そのためには、父親に関心を持ち、父親が生きた時代や環境を知ろうとすることです。きっと、それまでは見えていなかった父親の一面に気づくことができるはずです。例えば、お酒を飲んでは家族に当たり散らしていたという父親だった場合、お酒を飲まずにはいられなかった背景があったのかなと思いをめぐらせるだけでも、理解の度合いはずいぶん変わってきます。

それから、あなたが幼い頃に父親からしてもらったことを思い出してみることも大切です。どんな父親であっても、必ず何か見つかるはずですから、一つひとつノートに書き出してみましょう。同時に、あなたが父親にしてあげたことを書き出してみましょう。すると、あなたがしてあげたことは少なく、父親からはたくさんの愛をもらっていたことがわかるはずです。

幸福結婚相談所で結婚が決まった人を見ていると、父親への感謝ができるようになった時に道が開けていくことが多いようです。

恋愛に罪悪感を持たなくてよい

男性が苦手な女性は、恋愛や性的なことに罪悪感を持っていることも多いようです。確かに、性的な欲望のせいで人生を台無しにしてしまう人もいますが、結婚している夫婦の間で性的なことが一切ないというのは極端すぎるでしょう。

例えば、お金は正しい使い方をすれば「善」を生み、間違ったことに使えば「悪」になりますが、お金と同じように、その行為自体に善悪があるのではなく、使い方次第で善悪が分かれるのです。むしろ、あまりに純粋すぎて大きな悩みをつくってしまうほうが問題です。そうした行為をまったくしないから清く正しく生きているのだと言えるのかというと、そういうことにはならないでしょう。

性的な行為がなければ子どもを産むことができませんし、時代をつなげていくことができません。その意味で神様が与えてくださったものだと思います。

また、性的なことに罪悪感を持っている人は、母親や教師など身近な人からの影響を受けて、そのように考えるようになっていることがあります。あなたのことを心配して忠告してくれているとは思いますが、人によっては自分自身が欲求不満で、満たされていないために、他の人に罪悪感を押しつけていることもあるので、あまり周りの人の意見で極端な罪悪感を持つ必要はありません。

25～30歳を過ぎてもあまりに潔癖で、男性のことを不潔だと思っていると結婚は難しくなります。性に対する正しい知識を持って、男性に対する見方を変えていきましょう。

幸福結婚エピソード5

父親に感謝できるようになって

佐々木彩さん（43歳）の場合

父親への嫌悪感

彩さんは、男性に対して嫌悪感や苦手意識があり、40代になるまで一度も男性とお付き合いしたことがありませんでした。苦手意識を持ったきっかけは、幼い頃に父親が母親を怒鳴りつけるのを見ていたからのようです。

彩さんの両親は自営業で、毎日一緒に仕事をしていました。そのため、仕事のことで意見が衝突することが多く、父親が母親に声を荒らげることもよくあったそうです。そうした父親を見て育った彩さんは、「男の人は怖い」と思うようになっていたのです。

大人になってからは自然と、父親以外の男性への嫌悪感はなくなっていきましたが、完全には克服できず、恋愛に臆病になっていました。

それでも40歳を過ぎると「そろそろ結婚したいな」という気持ちも湧いてく

るようになってきたそうです。そんなある日、父親が亡くなってしまいました。

父親の愛を思い出す

父親が亡くなってから、遺品や保険の整理をしていた時に、彩さんはあるものを見つけます。それは、父親が積み立てていた、彩さん名義の年金保険でした。独身の彩さんを心配し、老後のためにと、ひそかに積み立ててくれていたのです。

彩さんはそれを見て驚くと同時に、初めて父親の愛の深さを知って、涙が止まりませんでした。幼少期の小さなきっかけで、父親を「母を怒鳴る嫌な人」としか見ていなかったことをとても後悔し、その時、本気で父親と向き合ってみようと決意したそうです。

それまでは幸福結婚相談所に入会しようと思っても、何かが心に引っかかっていて、なかなか行動に移せないでいたそうですが、父親の愛に気がついた時に、その引っかかっていたものがとれて、「本格的に婚活をはじめよう」と入会しに来てくれたのでした。

彩さんはその後も父親への理解を深めようと努力されました。ある日、幼い頃のアルバムをめくっていると、父親に海で泳がせてもらっている写真が目にとまります。その父親の彩さんを見るまなざしが優しくて、彩さんは「私はずっとこんなふうに愛されていたんだ」と心が満たされたそうです。

それから、父親からしてもらったことをノートに書き出して、それまで見えていなかった父親の愛を思い出していきました。すると、確かに母親には厳しいところもあったけれど、自分に対してはいつも優しい父親だったことに気がついたのです。

そうして少しずつ父親への嫌悪感がなくなり、感謝できるようになった頃、彩さんの夢に父親が出てきました。その時、今まで見たことのない満面の笑みで近づいてきて、彩さんの手をとってとてもうれしそうにしている父親から、「やっとお父さんのことをわかってくれたんだね」という気持ちが伝わってきたそうです。きっと、天国にいる父親に彩さんの感謝の気持ちが届いたのでしょう。

それ以来、彩さんは男性への嫌悪感がなくなっていきました。そして、「結婚するならお父さんみたいな人がいいな」とも思えるようになったのです。

「あなたと結婚して、とても楽しい」

入会から数カ月がたった頃、私は、彩さんと心の豊かさが似ている佐々木さんという男性を、まずは電話でご紹介することにしました。その際に、「おもしろい人だから、ぜひ」とお勧めしたところ、「それなら会ってみたいです」と積極的なお返事をいただきました。それまで本人から聞いたことはなかったのですが、彩さんはひそかに「一緒にいて楽しく過ごせる、おもしろい人」という理想像を持っていたそうです。ユーモラスなところもある佐々木さんは、まさにぴったりでした。

佐々木さんは4人目ぐらいのご紹介でしたが、それまで出会った男性たちと違い、彩さんは自然体で接することができたそうです。彩さんは佐々木さんに心惹かれていき、交際をはじめて数カ月後には結婚が決まりました。

結婚したばかりの頃は、彩さんは地元から遠く離れた慣れない環境で不安を感じ、気持ちが不安定になってしまうこともあったそうですが、そんな時でも、佐々木さんが「あなたと結婚して、とても楽しいよ」と言ってくれて、その言葉に何度も助けられたといいます。それに、佐々木さんは彩さんの父親と似ているそうで、一緒にいると安心できるようです。

現在は自営業をしている佐々木さんを支えながら、幸せな家庭を築いています。

◇　◇　◇

結婚前は男性への苦手意識を持っていた彩さんでしたが、父親の愛を思い出すことで苦手意識を克服し、結婚することができました。

男性への苦手意識がある人は、父親など身近な男性との葛藤《かっとう》がないか振り返ってみましょう。もし、何か思い当たるところがあれば、その人との関係を見直し、理解する努力をしてみましょう。

Column

親子の縁

父親に苦手意識を持っている人は、「なぜ、こんな父親のもとに生まれてしまったのだろう」「ひどい父親のせいで、不幸だった」などと考えてしまうかもしれません。しかし、実はあなたは生まれてくる前に自分で父親を選び、親子になる約束をしています。偶然生まれてくる人など一人もいないのです。

親子の縁について、大川隆法《おおかわりゅうほう》先生はこのようにおっしゃっています。

「親子には、『親子の縁』というものがあります。親子の関係は偶然にはでき上がらないのが普通です。『事情が変わって親子になる』ということもありますが、たいていの場合は、親子の縁によって子供が生まれてきます。親子の縁は父母のどちらかにあります。もちろん、両方に縁がある場合が多いでしょう」

（大川隆法著『幸福へのヒント』187ページ）

幸福の科学では、人間は様々な経験を積んで魂を成長させるために何度も地上に生まれ変わっているという霊的人生観を学んでいます。私たちは、生まれてくる前に今回の人生で何を学ぶのかをあらかじめ決め、それに一番ふさわしい環境を選んできます。

つまり、苦手な父親だったとしても、何らかの意味があって親子として今世《こんぜ》をともに生きているのです。「その父親から何を学びたかったのか」「その家庭環境からどんな経験を得たかったのか」という視点から親子関係を振り返ってみると、父親に対する見方も変わってくるでしょう。

家庭はあなたの人生観をつくるうえでの基盤になるものであり、親は人生で最初に出会う教師のような存在ですから、しっかり向き合うことが大切です。

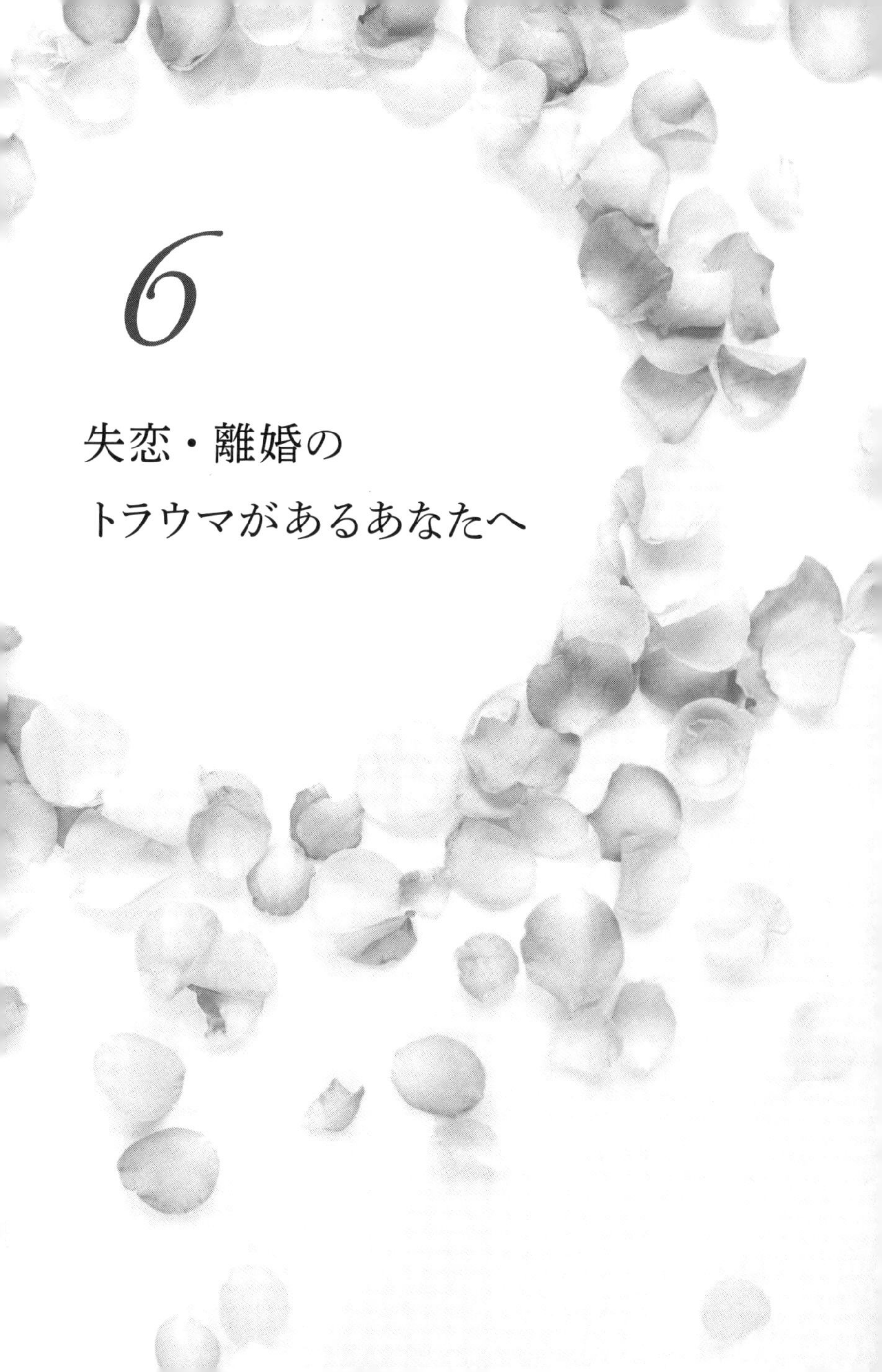

6

失恋・離婚の
トラウマがあるあなたへ

「失敗をくり返しそうで怖い」

大好きだった人に振られてしまったり、離婚を経験したりすると、新しく素敵な人に出会っても、「また続かないのではないか」「また傷つくのではないか」と考えて、臆病になってしまうこともあります。せっかく新しい恋人ができても、「嫌われてしまうのではないか」「振られてしまうのではないか」と、失恋することばかり考えてしまうこともあるでしょう。

幸福結婚相談所でも、過去の失恋のトラウマで、「前の恋人を怒らせた時に言ったのと同じようなことを今の彼にもつい言ってしまいました。きっと私のことを嫌いになってしまったと思います。また振られてしまうのではないかと不安で仕方ありません」と相談に来る方がいます。

しかし、「前の相手がこうだったから、今回の恋人もそうなる」とは限りません。同じ言葉や状況であっても、それに対する反応は人によって違いますから、以前の相手のパターンを新しい相手にまであてはめて考える必要はないのです。過去の失恋にとらわれず、相手を信頼する気持ちが大切です。

「自分に自信が持てない」

また、自分に自信が持てず、恋人といてもいつも不安で仕方がないという方もいると思います。

こうした人は、相手の何気ない言葉や行動にすぐに傷ついたり、疑念を抱いたりして、自分から距離を置いてしまうことがあります。自分ではなかなか気がつかないかもしれませんが、嫌われたり、浮気をされたりするといった最悪の不幸を想定しておいて、本当にその状況になると、「やっぱり私の思っていた通りになった」と思う人もいるのです。

しかし、思いは実現するものなので、こうした人は、不幸な未来を描くことで、自分でそうした未来を引き寄せてしまっているところがあります。もし、あなたがいつも悲観的な未来を考えてしまっているならば、マイナスのことばかり考えず、幸せな未来を描くようにする努力が必要です。

相手を許してあげましょう

失恋や離婚でつらい経験をした人は、相手を許せないでいるかもしれません。しかし、恨み心を持ったままでは、あなたは幸せにはなれません。トラウマを乗り越えて新しい恋にチャレンジするには、まず相手を許してあげることが大切です。

なかには、パートナーが借金だらけで、暴力を振るう人だったというケースもあるかもしれません。しかし、そのような相手でも「自分以外の人が恋人だったら、もしかしたらその人に違う人生を歩ませることができたかもしれない」という気持ちを心のどこかに持っておくとよいでしょう。

また、「別れてしまったけど、今まで幸せな時間をもらえたことに感謝しよう」「自分は相手を幸せにすることができなかったけれど、ほかの誰かと幸せになってくれたらいいな」という思いを持つことも大切です。気持ちに区切りがついて、次のステップに進めるようになります。

自分の言動も振り返ってみましょう

相手を許す姿勢は、結婚後は夫婦円満の秘訣になります。以前、ある女性からご主人の浮気について相談を受けたことがありました。その方は結婚後も仕事を頑張っていて、どちらかというと家庭よりも仕事を優先するところがあったようです。「まさか浮気なんてされるわけがない」と思っていたらしく、とてもショックを受けていました。

信じていたご主人に浮気されてしまうのは本当につらかったと思いますが、私からはあえて「確かに、ご主人のしたことは間違っているし、つらいかもしれないけれど、思い切ってあなたから、今まで家庭より仕事を優先してきてしまったことを謝ってみたら?」と提案しました。

その女性は勇気を振り絞って、夫を責めるのではなく、今まで配慮が足りなかったこと、寂しい思いをさせてしまったことを謝ったそうです。その結果、ご主人は反省して浮気をきっぱりやめ、まるで浮気なんてなかったかのように夫婦関係も改善しました。彼女は今でも仕事を続けていますが、帰りが遅くなるとご主人が迎えに来てくれるそうで、本当に仲の良い夫婦になっています。

善悪の観点で考えたら、浮気は絶対に悪いことです。しかし、一方的に相手が100パーセント悪いと決めつけてしまうのではなく、「自分にも足りないところがあったかもしれない」と少し立ち止まってみることが大切です。自分の言動にも問題がなかったか振り返り、反省すべき点があれば、それを率直に認めて自分から謝ってしまうことで、いい結果になることもあります。

自分のことも許してあげましょう

相手を許すことができたら、今度は自分のことも許してあげてください。

これまで過去の失恋や離婚のトラウマで苦しんでいる様々な人の相談にのってきましたが、口では相手を責めていても、実際には、「自分に欠点があったから、うまくいかなかったんだ」「私はだめな人間なんだ」と、自分のことを責めたり裁いたりしてしまって、自信をなくしている人がたくさんいました。

結婚は、男女がお互いを理解し合い、愛し合うことで成立するものです。しかし、自分のことを愛せない人は、他の人を本当の意味で愛せるようにはなれません。自分の間違いや失敗を謙虚に受けとめつつも、まずは自分のことを愛して、受け入れることが大切です。失恋や離婚で自分のすべてを否定する必要はないのです。

失敗体験がないと人は成長しません。「私のここがだめだったから失敗したんじゃないか」と思うなら、次はそれを補おうと前向きに努力すればいいのであって、それで自分を責める必要はありません。離婚してもいいというわけではありませんが、今の時代は離婚・再婚も増えているので、「何するものぞ。世間にはよくあることだ」という考え方を持つことも必要です。

自分を許して、もっと自分のことを好きになってあげてくださいね。

幸福結婚エピソード6

相手を心から信じたら結婚できた！

中村あゆみさん（52歳）の場合

過去の失恋がトラウマに

あゆみさんは、友人の紹介で幸福結婚相談所の交流会を見学に来られたことがきっかけで入会されましたが、お話をうかがってみると、どうやら過去の失恋がトラウマになって婚活を躊躇《ちゅうちょ》していたようです。

あゆみさんには、20歳の時に真剣に結婚を考えている男性がいました。2年間交際し、婚約指輪ももらっていました。ところが、相手の母親が結婚に大反対で、挨拶に行っても一度も会ってもらえず、自分の両親からも「まだ若いのだから、もう少し考えなさい」と言われてしまったのです。結局、お互いに親を説得できず、その方とは別れてしまいました。真剣に結婚を考えていただけに、この失恋はあゆみさんのトラウマになってしまったのです。

結婚を反対した両親を恨む気持ちもありましたが、あゆみさんの両親は生みの親ではなかったため、結婚したいという自分の気持ちを素直に伝えられなかったそうです。

実の両親は幼い頃に離婚してしまい、母方の兄夫婦に引き取られて育ったので、あゆみさんは実の父親の顔を知りません。そのため、小さい頃から「自分は父親に捨てられたんだ」という気持ちを持っていました。

それと失恋のトラウマから、「男性はいつか私を捨ててしまうんだ……」と思うようになり、男性を信じられなくなっていたのです。

その後、男性とお付き合いすることがあっても、「また捨てられてしまうのではないか」という恐怖心から、無意識のうちに、本当に自分から離れていかないか試すようなことばかり言っていたそうです。

付き合っていた男性に、あえて「別れましょう」と切り出して反応を見ることもありました。その男性は「まあまあ、そんなこと言わないで」と答えてくれていましたが、あゆみさんが何度もそうした別れ話をくり返したため、ついに本当に別れることになってしまったのです。本気で別れるつもりはなかったものの、自分から言い出したことで後戻りできず、その時は食事もとれないほど落ち込んだそうです。

結婚を決意できない本当の理由

婚活をはじめて2年がたった頃、幸福結婚相談所からある男性をご紹介しました。二人は具体的な結婚の話をするまでになりますが、結婚が決まりかけた矢先に、あゆみさんの義父が急死してしまい、葬儀などで忙しく、そのまま結婚どころではなくなってしまいました。お相手とは疎遠になり、結局結婚にはいたりませんでした。

あゆみさんは「こんなに頑張ったのに、また白紙になってしまった……。私は結婚しない人生を送るのかな」と思いつつも、心のどこかでほっとしていたそうです。

その後は失恋の悲しみを紛《まぎ》らわせるように仕事に打ち込んで努力されていましたが、私は、頑張り屋のあゆみさんだからこそ、「肩の力を抜いて、女性としての幸せを味わってほしい」と願って、中村さんという優しくて理解力のある男性をご紹介しました。包容力のある中村さんなら、あゆみさんの努力も認めてくれて、きっと幸せな結婚ができると思ったのです。

二人は何度か食事をするようになりましたが、あゆみさんは、「理想の条件と合わない」「外見がタイプではない」など、様々な理由をあげて中村さんとの交際を断ろうとしました。しかし、話をよく聞いてみると、結婚を決意できない本当の理由は、捨てられるのを恐れ、「相手を信じ切れない」という部分にあったのです。

「今回も断られてしまうかもしれないから、先に断ってしまおう……」そんな気持ちもあって、中村さんと真剣に向き合えずにいたのでした。

「本当に信じていいの？」

また、育ってきた家庭環境から、あゆみさんには、遠慮して自分の意見を言えず、周りに気を遣いすぎてしまう傾向がありました。そのため、中村さんに対しても自分を素直に出せずにいました。

そこで、私は、「結婚すると毎日一緒に生活していくことになるので、自然体でありのままの自分を出したらいいでしょう」とアドバイスしました。

それを素直に聞いてくれたあゆみさんは、ようやく中村さんと本音で話すことができ、つらかった過去の失恋経験も正直に伝えられたそうです。中村さんは静かにあゆみさんの話を聞いてくれて、自分のことを受けとめてくれているのが伝わってきたと言っていました。

それでも、結婚を考えると怖くなり、「この人は信じられない」という思いが湧いてしまうようでした。

ところが、中村さんと食事をしたある日の夜、あゆみさんは不思議な夢を見ました。自分が中村さんと一緒に歩いている場面を、離れたところから眺めているのです。心のなかで「本当にこの人を信じていいんですか？」と問いかけると、どこからともなく「信じていいんですよ」という声がしたそうです。

なぜか涙が溢れ、嗚咽《おえつ》で目が覚めて、「あぁ、私の結婚相手はこの人なんだ」と確信したといいます。同時に、いつのまにか「捨てられるのではないか」という恐怖心も消えていました。それから、だんだん中村さんを心から信じられるようにもなり、結婚を決意したのでした。

今では、「主人以外の人との結婚なんて、まったく考えられません」と幸せそうに言っています。

◇　◇　◇

過去につらい失恋を経験した人は、次の恋愛でも同じように失敗してしまうのではないかと恐れてしまうかもしれません。しかし、いつまでも過去に縛られていてはいけません。勇気を振り絞って一歩を踏み出し、今の相手を信じ切って明るい未来へと進んでいきましょう。

Column

失恋から立ち直る方法

失恋のショックで、「誰も失恋した私の悲しみをわかってくれない」「どうして私だけこんな目に遭うの？」と悩んでしまうこともあるでしょう。

確かに、失恋の悲しみは実際に体験したあなたにしかわからないかもしれません。しかし、失恋や離婚を経験した人は世界中にたくさんいます。また、あなた以上につらい経験をした人もいるはずですから、あなただけに特別なことが起きたというわけではないのです。

「こんなに悲しい失恋をしたのはきっと自分だけだ。もう立ち直れない！」と考えてしまう人に対して、大川隆法《おおかわりゅうほう》先生は、次のようにおっしゃっています。

「たとえば、失恋をした痛手で、四年も五年も苦しんでいる人がいます。本人は『自分の相手はたいへん素晴らしい人で、自分はずいぶん尽くしたのだが、残念な

がら失恋をしてしまった。この心の傷は、四年たとうが、五年たとうが、癒《い》えるものではない』と思っているかもしれません。
しかし、その人が『絶世の美女だ』と思った相手も、身近な人から見れば、ごく普通の女性であることが多いのです。（中略）
自分が勝手に相手を理想化し、勝手に傷ついて、自己憐憫《じこれんびん》に陥《おちい》っているだけなのです」

（大川隆法著『不動心』100〜101ページ）

失恋して、毎日そのことばかり考えてしまって何も手につかないという人は、自分を〝悲劇の主人公〟にしてしまっていると言えます。しかし、不幸なことばかり考えていては幸せになれません。
まずは、自分を「かわいそうだ」「みじめだ」と憐《あわ》れむのをやめて、明るく積極的な未来を描くことが大切です。
過去は過去として考えて、前向きに新しい出会いを探していきましょう。

7

「だめんず」ばかり
好きになるあなたへ

あなたが男性を「だめんず」にしているかも!?

「だめんず」とは、漫画のタイトルからとられた言葉で、「だめ」と「メンズ」を掛け合わせて、交際・結婚すると女性が苦労する男性のことを意味します。様々なタイプがあるようですが、「経済力がない」「浮気をする」「暴力を振るう」といったものが特徴です。

困っている人を放っておけない優しい女性は、こうした男性と付き合ってしまうことが多いようです。しかし、だめんずとは幸せな家庭を築くのは難しいでしょう。

読者のなかには、今まで付き合った人はだめんずばかりで、「自分は男運がない」と感じている方もいるかもしれません。ただ、そうした人にここで振り返っていただきたいのは、もしかしたら、あなたが男性をだめんずにしてしまっているかもしれないということです。

例えば、「この人は、私がいないとだめなんだ!」という気持ちがあって、ついつい恋人を甘やかしてしまい、デートの時間に遅れてきたり、約束を守ってくれなかったりしても、謝られたらすぐに許してしまっていないでしょうか。そんなことが何度もあると、男性は「この子は自分に惚れているから、何をしても許してもらえる」と考え、どんどんだめんずになっていきます。

そうならないためには、嫌なことや直してほしいところははっきり伝えること、甘やかしたりせず、一人の大人として接することが大切です。本当に相手を愛しているのなら、時には厳しいことも言ってあげなくてはいけません。そして、どうしても直してくれないようであれば、将来のことを考えて別れる勇気も必要です。

しかし、「恋は盲目」という言葉がある通り、自分の恋愛を客観的に見るのは難しく、付き合っている男性や好きな男性のことをだめんずとは、自分ではなかなか認めたくないものです。友人から「別れたほうがいい」と言われても、「あの人のことが理解できるのは私だけよ！」と怒りたくなってしまうかもしれません。ただ、そうした時には少し冷静になって、信頼できる人が客観的に見てアドバイスしてくれているなら、素直に耳を傾ける姿勢も大切でしょう。

「だめんず」に依存していませんか？

「だめんずな彼でも、一人になるのは寂しいので別れられない」という人もいます。その場合、「恋人に合わせすぎて、彼中心の生活になっている」「恋人から必要とされると自分の存在価値を感じる」「別れたくないばかりに、いつも自分だけ我慢している」というように、相手に尽くしすぎて「都合のいい女」になっていることもあります。

また、だめんずと別れられない女性は、「私のことを好きになってくれるのは、この人しかいない」「私には、このくらいの人がちょうどいいんだ」と考えてしまっていることも多いのです。

これらの人たちは、自己評価が低かったり、自分に正当な自信を持てていなかったりします。そうすると、だめんずを引き寄せてしまったり、だめんずに依存してしまったりするのです。なぜなら、意識的にも無意識的にも、自己評価に合った人を選んでしまうからです。

そうした人たちは、たいてい「両親から愛されなかった」という気持ちが強いようです。だから、自分に正当な自信を持てず、嫌われたくなくて尽くしすぎたり、極端に自分を過小評価してだめんずを選んでしまったりするのです。しかし、そうしたいびつな関係は必ず破綻《はたん》します。

幸せな恋愛は、お互いが精神的に自立していて、お互いに尊敬し合える関係で成り立ちます。結婚もそうでなければうまくいきません。

あなたにとって本当にふさわしい人と出会うためには、自分に自信を持たなければいけません。そのためには、両親や周りの人たちから与えられてきた愛に気がつくことです。きっとたくさん愛されてきたはずですから、小さなことでも一つずつ思い出していきましょう。

そうすれば、忘れていた感謝の気持ちがふつふつと湧き上がってくるのを体験するでしょう。

幸福結婚エピソード7

脱「だめんず」に成功！

山本香織さん（32歳）の場合

彼の借金、浮気に悩まされ……

香織さんは、幸福結婚相談所に入会しに来られるまで、好きになる男性が「だめんず」ばかりだと悩んでいました。

最初に出会っただめんずは、23歳の時に最初の結婚をした14歳年上の男性です。お金にルーズで貯金をしていないどころか、香織さんに内緒で大金を使ったり、借金までつくったりしていました。しかし、そんなご主人でも、「どうすればよくなってくれるだろうか」と真剣に考えて、借金返済のために香織さんも働いていたそうです。

結婚して3年がたった頃、香織さんに嫌がらせのメールが頻繁《ひんぱん》に送られてくるようになりました。最初は誰から送られてきているのかわからず、無視していたそうですが、ある時、そのメールの送り主がご主人の浮気相手の女性であ

郵便はがき

料金受取人払郵便

赤坂局承認

9654

差出有効期間
2023年3月
9日まで
(切手不要)

1078790

112

東京都港区赤坂2丁目10−8
幸福の科学出版(株)
愛読者アンケート係 行

ご購読ありがとうございました。お手数ですが、今回ご購読いただいた書籍名をご記入ください。

書籍名

フリガナ お名前	男・女	歳
ご住所 〒　　　都道府県		
お電話（　　　）　—		
ご職業 ①会社員 ②会社役員 ③経営者 ④公務員 ⑤教員・研究者 ⑥自営業 ⑦主婦 ⑧学生 ⑨パート・アルバイト ⑩他（　　）		
弊社の新刊案内メールなどをお送りしてもよろしいですか？（はい・いいえ）		
e-mail アドレス		

愛読者プレゼント☆アンケート

ご購読ありがとうございました。
今後の参考とさせていただきますので、下記の質問にお答えください。
抽選で幸福の科学出版の書籍・雑誌をプレゼント致します。
（発表は発送をもってかえさせていただきます）

1 本書をどのようにお知りになりましたか？

① 新聞広告を見て ［新聞名：　］
② ネット広告を見て［ウェブサイト名：　］
③ 書店で見て　④ ネット書店で見て　⑤ 幸福の科学出版のウェブサイト
⑥ 人に勧められて　⑦ 幸福の科学の小冊子　⑧ 月刊「ザ・リバティ」
⑨ 月刊「アー・ユー・ハッピー？」　⑩ ラジオ番組「天使のモーニングコール」
⑪ その他（　）

2 本書をお読みになったご感想をお書きください。

3 今後読みたいテーマなどがありましたら、お書きください。

ご感想を匿名にて広告等に掲載させていただくことがございます。ご記入いただきました個人情報については、同意なく他の目的で使用することはございません。

ご協力ありがとうございました！

ることが発覚します。その女性は、香織さんとご主人を別れさせるために嫌がらせのメールを送ってきていたのです。

さすがの香織さんも結婚生活を続けることをあきらめて離婚に踏み切りましたが、「もう一度だけやり直したい。香織じゃないとだめなんだ！」と泣きつかれてしまい、気持ちが揺らいでしまいました。

そんな時、父親から「情《じょう》の深いところがいいところだけど、流されてはいけないよ」と言われて、ようやく気持ちを固められ、離婚できたそうです。

離婚からしばらくして、香織さんは再婚を考えるようになりましたが、好きになったり、好意を寄せてくれる男性はだめんずばかりでした。定職に就かず、親のすねをかじっている男性、パチンコにはまっている男性、何でも頼ってくる男性など、幸せな結婚生活を思い描けない男性ばかりだったそうです。

「だめんず」を引き寄せていたもの

香織さんはとても面倒見がよく、情の深いところがあり、困っている人を放っておけないタイプでした。「私がいないと、この人は生きていけないんだわ」と思うと、好きになってしまうことが多かったそうです。

香織さんは、相手がだめんずだと気がついていても、言い寄られると、「早く再婚したいし、もうこの人でもいいかな」と妥協しそうになったこともありました。それを見かねた父親から「そういう男はだめだ」とはっきり言われたことでようやく、だめんずを引き寄せる自分の傾向性を変えなくてはいけないと決心し、幸福結婚相談所に入会しに来てくれたのです。

最初の面談の時に、育った家庭環境や過去の離婚経験、これまでの恋愛、理想の人についてお話を聞いたところ、だめんずを引き寄せる原因は、どうやら両親との関係にあることがわかりました。

香織さんは幼い頃から両親が仕事で忙しくてあまり構ってもらえず、寂しい思いをしていたそうです。そのため、「親から愛されていない」と思っていたのです。

そうした思いから自分に自信が持てず、自己卑下《じこひげ》するところもあったので、理想の恋人像のハードルが低く、「自分を受け入れてくれる人ならどんな人でもいい！」と無意識のうちに考えてしまっていたようです。こうした思いがだめんずを引き寄せてしまっていたのだと思います。

香織さんに自信を取り戻してもらうために、私からは「ご両親はきっと申し訳なかったと思っているはずですよ。家庭を守るためには忙しく仕事をしなくてはいけなかったのでしょうが、香織さんのことをちゃんと愛していたと思います」と言葉をかけながらご両親の気持ちを代弁しました。

香織さんは涙を流しながら話を聞いてくれて、幼少時の寂しい気持ちが解消されていったように見えました。表情もおだやかで柔和《にゅうわ》になり、きっとご両親の愛にも気づくことができたのでしょう。

経済的にも精神的にも自立した人と

その面談後、とても誠実で、経済的にも精神的にも自立した山本さんという男性をご紹介しました。

二人は初めて会った時に映画を観に行ったそうですが、香織さんはだめんずと一緒にいた時の感覚で二人分のポップコーンを買おうとしたところ、山本さんから「ここは僕が払いますから大丈夫ですよ」と言われて、「普通の男の人ってこういうものなのか！」と驚きつつ、思わず胸がときめいたと言っていました。

また、山本さんは素朴でデートもあまり慣れていない人だったのですが、そうしたところも香織さんにとってはかわいく思えたようです。

その後、電話やデートをしていくなかで、お互いに強く惹かれ合い、多くの人に祝福されながらの結婚となりました。

結婚をして7年がたつ今でも仲が良く、毎日「好き」と伝え合っているそうです。

◇　◇　◇

香織さんの最初の結婚の時のように、相手のわがままを聞きすぎて尽くすようになると、男性はつけあがるもので、尽くされるのが当たり前になってしまいます。相手に合わせるのが優しさだと思っている方もいるかもしれませんが、実際にはそれは効果的ではありません。

また、尽くしすぎる人は、相手が求めてもいないことを、よかれと思い込んで一方的にやっていることが多いです。相手のことを考えているようで、実は嫌われたくなくてそうしているだけで、結局自分のことしか考えていません。つまり、愛しているというより、相手に執着《しゅうちゃく》していると言えます。それでは相手も幸せにできないし、自分も幸せにはなれません。

相手も自分も幸せになるためには、恋愛においても結婚においても、お互いに自己確立ができていて、一緒に成長できる人を選ぶことが大切です。

Column

浮気系「だめんず」にお困りの方へ

「だめんず」に悩む人からの相談で多いのは、恋人や夫の浮気です。もし、あなたが恋人を大切にしていなかったり、家庭をかえりみていなかったりしたことに原因があるのならば、素直に謝る必要もあると思いますが、何度も浮気をくり返すようであれば、なるべく早くその彼との将来についての結論を出すべきでしょう。

大川隆法《おおかわりゅうほう》先生は、少なくとも浮気を知ってから半年以内には、別れるかどうかの結論を出すべきだとおっしゃっています。

「新しい彼女ができて、そしてその新しい彼女と彼がいっしょになるのか、それともあなたのところへ戻ってくるのか。その結論は、おそらくはあなたがその事実を知ったときから半年以内には出ます。（中略）

最大限見積もって半年です。そして、そのあいだで結論を出せないような男であ

るならば、あなたは潔《いさぎよ》くその男のもとを去るべきであると、私は思います。
その半年間、十分に苦しみなさい。そして、自分自身というものをもう一度見つめ直しなさい。
しかし、結論が出た場合には、運命には潔く従いなさい。
世の中は、捨てる神あれば拾う神ありです。そのときには自分にとって失敗だと思えたことでも、あとになってみれば、さらによい人生が開けるための前ぶれであったということはあります」

（大川隆法著『幸福のつかみ方』43～44ページ）

「もう二度と浮気しないから」という彼の言葉を信じていたのに、また浮気が発覚して、悩み苦しむ……という悪循環から抜け出せないでいる人は、「彼のどんなところが好きなのか」「幸せな家庭を築いて、老後も一緒にいられる相手なのか」を冷静に点検してみる必要があります。

そして結論が出たら、その結論に対しては、潔く従う勇気を持ちましょう。

8

相手の悪いところばかり
見えるあなたへ

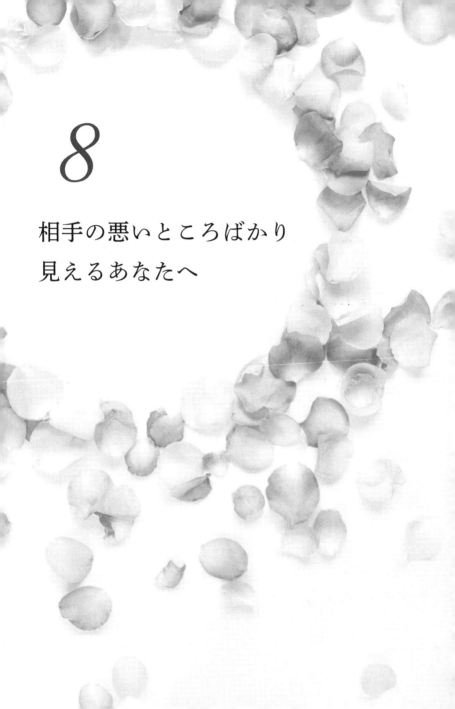

完璧な人などいないもの

「だめんず」に惹かれる人とは反対に、相手の欠点が気になってしまうという方もいます。人は、何か足りないところを見つけるとそこにばかり目がいってしまい、せっかくのいいところになかなか気がつかないものです。

好きになって付き合った人でも、一緒にいるうちに相手の欠点や悪いところのほうが大きく見えてしまい、結婚を躊躇《ちゅうちょ》している方もいるのではないでしょうか。先ほど紹介しただめんずのように、家庭を崩壊させるような欠点がある場合は例外ですが、相手の小さな欠点を気にし続けている限り、結婚は難しいでしょう。

「完璧な男性」を求めてしまう気持ちは理解できますが、欠点が一つもない人はいません。一見完璧に見えるような男性も、一緒に生活するようになれば気になるところは出てくるものです。

ただ、相手の欠点ばかり見つけていても幸せにはなれません。できるだけ相手のいいところを見ていくように心がけましょう。そして、どうしたらうまくやっていけるのかを考えましょう。

特に、若いうちは女性のほうが精神年齢が高いので、同世代の男性が頼りなく見えてしまいます。しかし、男性は結婚してから自信がついて成功していくものなので、現時点だけを見て相手のすべてを判断してはいけません。相手の「過去」ではなく「未来」と結婚するわけですから、「将来はどうなっていくのだろうか」という視点で男性を見てあげるようにしましょう。

夫婦は欠点を補い合いながら、お互いにより素晴らしくなっていくものなので、「足りないところがあっても、相手と協力して助け合おう」と考えていると、結婚が早く決まるのです。

相手を誤解していませんか？

また、相手の欠点だと思っていたところが、考え方やカルチャーの違いで誤解していただけということもあるので、すぐに縁を切るのではなく、相手を理解する努力も必要です。

幸福結婚相談所では、以前こんなことがありました。ある女性に、性格の合いそうな男性をご紹介したところ、「いい方ですが、言葉にトゲがあって、とても傷つきました。お断りしたいと思います」と言ってこられたことがあります。紹介した男性は優しい人だったので、「おかしいな」と思い、詳しく話を聞いてみると、どうやら二人の育った家庭環境の違いに原因があることがわかりました。

紹介した男性は男兄弟ばかりで、しっかり者の母親にビシビシ鍛えられて育ったため、少し言葉がきつくなってしまったのですが、悪気はまったくありませんでした。逆に、女性のほうは男兄弟がおらず、父親も優しい人だったので、男性から厳しいことを言われた経験がなく、ちょっとしたことで傷ついてしまったのです。

この二人がお互いの生まれ育った家庭環境を知っていれば、言葉の使い方に気をつけたり、相手の発言の真意がわかったりしたでしょうから、すれ違うことはなかったかもしれません。

相手のタイプに合わせた配慮を

こうした配慮は結婚後も大切です。例えば、夫が仕事から帰ってきて不機嫌だったとします。そんな時、あなたならどのように接するでしょうか。「何かあったの?」と聞いて、相談にのる。または、あえてしばらく放っておき、落ち着くのを待つなど、いろいろな答えがあると思います。

こうした時にまず気をつけなければいけないことは、相手のタイプをよく見極めたうえで接し方を考えるということです。

話を聞いてあげることで話しながら問題を整理して解決していく人もいますが、反対に自分のなかで整理をする人もいます。これを見抜けず、そっとしておくべき人にしつこく聞いてしまったり、話を聞いてほしいと思っている人を放っておいたりしてしまうと、すれ違いが生まれてしまうのです。

性格が100パーセントぴったり合うという人など、この世に一人もいません。お互いに違うところを理解しようとして合わせていくものなのです。その努力をしないで、自分に合う人を見つけるのは難しいのです。「赤い糸で結ばれた運命の人」と出会ったらカチッと合うはずだと思っている方もいるかもしれませんが、それほど甘いものではありません。

幸福結婚エピソード8

尊敬できる人と結婚して幸せ！

村田理沙さん（52歳）の場合

一人のほうが気楽

理沙さんは、私が講演に行った先で知り合ったのがきっかけで幸福結婚相談所に入会されました。しかし、その時は、仕事も忙しく、「一人のほうが気楽だし、自分には結婚は向いていない」と思っていたそうです。それでも、誠実な理沙さんは、ご縁のありそうな人をご紹介すると「せっかくだから」ときちんと会ってくれていました。

最初にご紹介したのは、理沙さんの理想像に合った頼りがいのある男性です。第一印象や会話をしている時の雰囲気はとてもよかったそうですが、お断りされました。理沙さんはまじめでちゃんとした性格なので、その男性が緊張をほぐして距離を縮めようと理沙さんの肩に少し触ったことがとても嫌だったそうです。

次にご紹介した男性は繊細で几帳面な方です。直接会ってお話ししたものの、その男性がネガティブな発言ばかりしているのが気になり、もう一度会いたいという気にはならなかったそうです。

ほかにもご紹介した方が数人いましたが、交際に発展することはありませんでした。

「相手を深く理解しよう」

その後しばらく婚活を休んでいた理沙さんは、地域の子どもたちに勉強を教えるボランティア活動をはじめていました。そして、そこに通っている生徒や保護者を通して、両親の価値観が異なるために子育てに苦労しているご家庭を見て、「夫との価値観が一致していなければ、幸せな家庭は築けない」と感じるようになったそうです。

それによって、それまで価値観はあまり重視してこなかったことを考え直し、「見た目の印象だけで判断するのではなく、相手を深く理解しよう」と思ったといいます。

幸福結婚相談所のスタッフに偶然会ったのを機に、理沙さんは数年ぶりに交流会に参加されました。お会いした時、なんだかとてもいい顔をしていたので、「今の彼女なら、きっといい結婚ができる」と思い、村田さんという物静かで落ち着いた雰囲気の男性をご紹介することにしました。理沙さんは話題が豊富で、話好きだったので、聞き上手な村田さんとは相性がいいはずと考えたのです。

「とてもいい人がいるから、今度の交流会にも絶対に来てくださいね！」と理沙さんに伝えると、「本当ですか？」と半信半疑な様子でした。しかも遠方で開催された交流会だったのですが、前向きに参加されました。

夕食の時に理沙さんに村田さんをご紹介したのですが、村田さんは自分から積極的に会話をするタイプではなく、二人の間にほかの人たちも入ってきてしまって、その人たちの話にうなずいているばかりでした。さらに、村田さんは仕事の都合で夕食が終わると帰ってしまったので、結局その交流会では二人はゆっくり話ができませんでした。

交流会後、幸福結婚相談所からお互いの連絡先をお伝えしましたが、電話でも村田さんは緊張してしまってうまく会話ができず、理沙さんが一方的に自分のことを話してばかりいたようです。

尊敬できるところを見出せるか

最初、理沙さんは、村田さんに対しておとなしい印象を持っていたので、自分と合うかどうか不安に思っていたそうですが、「無口だけど、いい人だから」という私の言葉を素直に聞いてくれて、相手を理解しようと努力されました。

村田さんはもの静かなので、周りの人からは感情や意志があまりないように誤解されがちですが、特別支援学校の教師をしていた理沙さんは、話せない子どもや思いをうまく伝えられない子どもとよく接していたため、表情や態度には一切出なくても、村田さんがその話題に対して肯定しているか否定しているかがわかったのです。そして、考え方や生き方を知り、村田さんがしっかりしたポリシーを持っていることに気がついたそうです。

また、言うべき時には自分の意見をしっかり言い、大事なところは絶対曲げない強さも持っていることを知るにつれて、「心から尊敬できる、本当に素晴らしい方だな」と感じ、結婚を決意できたのです。

結婚後は、理沙さんは夫を立てる素敵な奥さんになっています。幸せな家庭を築いていることが周りの人にも伝わり、「私も村田さんたちのような結婚がしたい！」と、幸福結婚相談所に入会しに来てくれる人もいるほどです。

◇　◇　◇

理沙さんは村田さんのことを「私の尊敬しきりの人です」と言います。

結婚して引っ越した時、理沙さんは友人たちから村田さんに送られた手紙を見せてもらったそうです。そこには、多くの人からの感謝の言葉がつづられていました。それを見て、村田さんの「人のために尽くす人」という新たな一面も知り、さらに尊敬の思いを深めたといいます。

今も「結婚してから一度も喧嘩《けんか》をしていないし、主人の嫌なところなんてありません。結婚してよかったです」とおっしゃっていて、本当に幸せそうです。

結婚を決める時のポイントは、相手を尊敬できるかどうかを見ることです。ほかの人がその人のことをどう思おうとも、自分が相手の価値観を理解して、尊敬できるところを見出せるかが大事です。本当の自分の相手なら、ほかの人には見つけられないような長所を見つけることもできるのです。

Column

長所を見つけよう

人間は誰しも、自分の長所を見てくれる人に対してはいい感情を持ちますし、男性は自分を尊敬してくれる女性のことをかわいいと思うようです。

一方、欠点ばかり指摘してくるような人に対しては、たとえその指摘が正当なものでも嫌な気持ちになるものです。頭の回転が速く頭脳明晰《ずのうめいせき》なタイプの人は、他人の欠点や弱点がよく見えてしまいますから、それを指摘して、知らず知らずのうちに相手を傷つけて、嫌われてしまうことがあります。

大川隆法《おおかわりゅうほう》先生も、人間関係でつまずかない秘訣として次のように説かれています。


「人間関係を向上させるためには、基本的に、相手の長所のほうに目を向ける努力をしたほうがよいでしょう。長所をよく見てあげる一方、弱点については、あまり追及せず、ぼんやりと緩《ゆる》やかな目で見てあげるほうがよいと思います。

相手の欠点や弱点を知らないよりは、知っておいたほうがよいのですが、それに気づいたとしても、緩やかに見ていくように努力をしたほうがよいのです」

（大川隆法著『心を癒す　ストレス・フリーの幸福論』78ページ）

特に、若くて頭の回転が速い人は、相手に何か一つでも欠点を見つけると、すぐ「この人はだめだ」と見限ってしまうことがあります。

仕事ではミスを出さないようにすることは大事ですが、人間関係においては、「自分もまた完璧な人間ではないのだ」と考えて、寛容になることが大切です。

そして、どんな人に対しても、「欠点はあるかもしれないけれど、いいところもあるのではないか」と、相手の長所を探しながら人間関係を深めていくようにしていると、自然とあなたの周りには素敵な人たちが集まってくるようになるでしょう。

9

結婚と仕事は両立できる？

「結婚・出産は仕事の障害になる？」という迷いへのアドバイス

現代は仕事で活躍する女性たちも増え、女性の生き方が多様化しています。なかには結婚しないで仕事に生きる人生を選ぶ人もいるでしょう。

どんな人生を選択するのかは人それぞれですから、古い結婚観や周りの人の意見にとらわれすぎる必要はありません。仕事で活躍し続けることも、結婚して家族のために生きることも自由に選べる時代ですから、自分で自分の人生を決めることが大切です。

しかし、結婚願望があるにも関わらず、「結婚・出産は仕事の障害になる」と考えて結婚に踏み切れない人も多いのではないでしょうか。幸福結婚相談所の入会を勧めても、「将来的に結婚は考えていますが、今は仕事が忙しく、やりがいもあるので入会はできません」と断って、タイミングを逃してしまう女性もたくさんいます。

女性は出産や育児のために、仕事の第一線から外れてしまう時期がありますので、キャリアアップには不利になると考える方が多いかもしれません。しかし、結婚や子育てを通して得た経験を生かすことで、独身の時以上に仕事で活躍している女性もたくさんいます。

キャリアウーマンには草食系男子がオススメ

仕事で活躍する女性が増えた一方で、男性には、おっとりしていて恋愛に奥手な「草食系男子」が増えました。

草食系男子というと頼りないイメージを持たれがちですが、実は、キャリア志向の女性にとってはありがたい存在です。

草食系男子はあまり自己主張をしないのですが、自分の意見は持っているので、「ここぞ」という時にはきちんと意思表示します。また、優秀な女性に嫉妬せず、尊敬する気持ちを持っているので、家事も積極的に協力してくれることが多いのです。

幸福結婚相談所で結ばれたカップルを見ても、「仕事も頑張りたいけど、結婚もしたい」という女性にはだいたい草食系男子がぴったり合いました。

草食系男子の側から考えても、仕事で頑張る女性との相性は悪くありません。なぜなら、草食系男子は強い母親に育てられたか、姉や妹など身近にしっかりした強い女性がいるなかで育ったという人が多く、そうした強い女性の扱いに慣れているからです。

キャリア志向の女性は、リードしてくれて頼りがいのある男性を結婚相手の理想像として描いていることが多く、「草食系男子と結婚なんて無理！」と最初から決めつけてしまいがちですが、草食系男子の魅力をもう一度見つめ直してもよいのではないでしょうか。

「仕事モード」で接するのはNG

また、仕事ができる女性は、婚活の時に「仕事モード」で男性と接しないように気をつけましょう。テキパキと仕事をこなす感覚で接していたら、男性はつけいる隙がありません。

幸福結婚相談所に入会していたある女性は、優秀で仕事もできる方でしたが、

「あなたの将来のビジョンをわかりやすく説明してください」などと、まるで就職の面接のように男性を質問攻めにしてしまい、男性が逃げ出してしまったこともあります。

誰でも家庭には安らぎを求めていますから、「私はこんなことができる！」というのを前面に出す必要はありません。むしろ負けてあげる部分を持っていなければいけないのです。あなたがどんなに優秀でも、男性に対して優しさや思いやりが表現できるようになることが大切です。

「母性」が大切

男性を打ち負かしてしまわない賢さを身につけ、男性がほっと安心できるように、あえて隙をつくることも大切です。いつも笑顔でいる、小さなことでも純粋に喜ぶ、ゆったりとした優しい話し方や動作を心がけるなど、かわいげのある女性を目指しましょう。

また、男性が間違った発言をしてもすぐには否定せずに、「なるほど」「そういう考えもありますね」など、とにかくいったん受けとめてあげる、男性のいいところは素直に「すごい！」とほめる、何かしてくれた時には「ありがとう」と伝えるなど、男性を立ててあげることがポイントです。

要するに、男性を包み込んであげるような「母性」が大切ということです。

こうしたことをバリバリ仕事をしている女性に言うと、「男尊女卑だ！」と怒り出してしまう人もいるかもしれませんが、「母性」は女性が社会で成功するための秘訣でもあります。

仕事を頑張る女性は強い人が多いのですが、その強さの表現の仕方には智慧《ちえ》が必要です。男性のような強さではなく、柔らかさも含んだ「母性」を持って男性に接すると、仕事における人間関係もより円滑になるでしょう。

幸福結婚エピソード9

結婚して仕事もさらに頑張れる

田中今日子さん（32歳）の場合

仕事のために結婚をあきらめていた

今日子さんは、先に幸福結婚相談所に入会していたお姉さんからの紹介で来られました。お姉さんからは、「妹が仕事ばかりしていて、結婚できるか心配なので、相談にのっていただけませんか」と言われていたのです。

ある時、今日子さんと何気ない会話をしていたところ、「結婚して子育てをしている友人に対してうらやましいという気持ちを持っていましたが、仕事を頑張ろうと決めたからには、うらやましいなんて思ってはいけないですよね」と言われたことがあります。

今日子さんには結婚願望がなかったわけではありませんが、働いていた会社には当時、「女性は結婚したら退職するのが当然」という風潮がまだ残っていて、職場の上司からも「仕事を頑張るつもりならば、しばらく結婚はあきらめなさい」と言われていたため、結婚して幸福な家庭を築く夢を持ちながらも、仕事での自己実現のために結婚をあきらめているところがありました。また、今日子さんはとてもまじめなので、「結婚願望があるのは、仕事から逃げようとしているのではないか」という気持ちもあったようです。

しかし、仕事のためにやりたいことを我慢し、結婚したいという気持ちを抑えていると、どこかで「ここまで自分を犠牲にして会社に尽くしているのに、どうして会社は私を認めてくれないの？」と、会社を恨むような気持ちが出てきてしまうものです。

そのため私からは、「自分の人生に責任を持って、少しでも結婚したいという気持ちがあるならば、気持ちにふたをしないで、婚活にもチャレンジしてみたらいかがですか」とアドバイスをしました。それを聞いた今日子さんは、婚活に対する意識を変え、将来の自分の人生を真剣に考えはじめました。

「仕事モード」で連敗

入会から数年がたった頃、ご縁のありそうな男性を何人か紹介しましたが、どの方とも交際にはいたりませんでした。理由を聞いてみると、どうやら今日子さんの男性への接し方に原因があったようです。

仕事に熱心に取り組んでいた今日子さんは、休日も仕事のことが頭から離れず、紹介した男性と仕事の時と同じようなモードで会っていました。食事中の話題も仕事のことが中心で、ある男性からは、「今日子さんとお話ししていると、婚活している場合ではなく、自分ももっと仕事を頑張らないといけないなと思うようになりました」と、交際を断られてしまったこともあります。

また、今日子さんはおしゃれにも無頓着《むとんちゃく》で化粧はほとんどせず、男性に会いに行く時も、仕事に行くようなパンツスタイルだったようです。

今日子さんは「結婚したいと思っていることが知られてしまうと、仕事の手を抜いていると思われるんじゃないか」と考えていたため、結婚願望があることを職場の人に悟られないように隠していました。そのため、女性らしい格好をしないようになっていたのです。

見かねたお姉さんからは、「結婚する気があるなら、身だしなみにも気を遣いなさい」と注意されていました。そこで、ワンピースやスカートを買ったり、友人からメイクの仕方を教えてもらうなどして、少しずつ女性らしい雰囲気を出すようにしていきました。

一緒にいると安心できる草食系男子

今日子さんは、仕事ができて自分の意見をしっかり持っている男性にあこがれていましたが、今日子さんも仕事ができてはっきりした性格だったので、同じような性格の男性とは意見が対立してうまくいきませんでした。そこで、静かでおとなしいけれども、思いやりのある田中さんという男性を紹介しました。

田中さんはいわゆる草食系男子だったので、正直なところ好みのタイプではなかったようですが、笑いのツボやよく見るテレビ番組が同じで会話が弾み、自分をよく見せようと気にしないで自然体でいられたそうです。

その後二人は交際をはじめ、田中さんは結婚も考えてくれていましたが、今日子さんは本当に結婚の道を選んでよいのか戸惑ってしまい、なかなか結論を出せずにいました。

しかし、互いの理想の家庭像や、結婚相手に求めることなどを話していくうちに、同じような理想を描いていることがわかり、結婚後のイメージを具体的に描けたことで、今日子さんは安心して結婚を受け入れる決心がついたのです。

結婚後の様子を聞いてみると、「毎日が楽しいです。結婚って本当にいいものですね」と幸せそうに答えてくれました。

また、仕事も辞めることはなく、むしろ今まで以上に仕事を頑張れるようになったそうです。ご主人が近くにいて守ってくれているという安心感から、悩みが軽くなり、仕事にも安定感が生まれたのでしょう。

◇　◇　◇

「今は仕事で頭がいっぱいで、結婚なんて考える余裕がない！」という方でも、少しでも結婚の希望があるならば、今日子さんのように自分の気持ちに素直になって婚活をはじめてみましょう。

Column

「母性」の力

「母性」とは、子どもを優しく育む母親の性質のことですが、パートナーの男性を成功させる力でもあります。仕事で失敗したり、競争に敗れたりして落ち込んだ時に、慰《なぐさ》めてくれたり、癒《い》やしてくれたり、大きな目で見て包み込んでくれるような女性がそばにいると、男性は立ち直ることができ、また頑張れるのです。

男性社会で常に戦っているようなキャリアウーマンは「そんなふうにはなれない」と思うかもしれませんが、大川隆法《おおかわりゅうほう》先生は、そんな強いタイプの女性でも男性を立てることができるとおっしゃっています。

『世間を敵に回してでも、私が守ったる』というような度胸《どきょう》を持った女性がいると、男のほうは運気が伸びることがあるわけです。（中略）

敵から守って応援してやるということも、一種の母性の表れです。子供の場合で

も、やはり〝外敵〟がいるので、世間の大人や悪ガキから守って、『お母さんはいつも味方しているからね』『あなたを信じているから、頑張りなさい』と言ってあげると、男の子は自信を取り戻します。

そういうことで、気が強くて、男っぽいところがある女性でも、それを母性のほうに上手に転化した場合は、男を立てることが可能だということです」

（大川隆法著『女性らしさの成功社会学』60〜61ページ）

男性は仕事での失敗や挫折で落ち込んでも、自分が一番信頼する女性からの「あなたなら大丈夫」「私は信じています」という一言で、自信を取り戻せるものです。

また、新しいことに挑戦しようとする時に、「頑張ってみたら‼」「いざという時は、私も全力で支えます」と励まして背中を押してもらえると、勇気が出るものです。

男性は、意外と傷つきやすく、繊細な面もあるので、そうした弱い一面も受け入れてあげるだけの大きな器を身につけておきましょう。

10

「婚活に疲れちゃった……」
というあなたへ

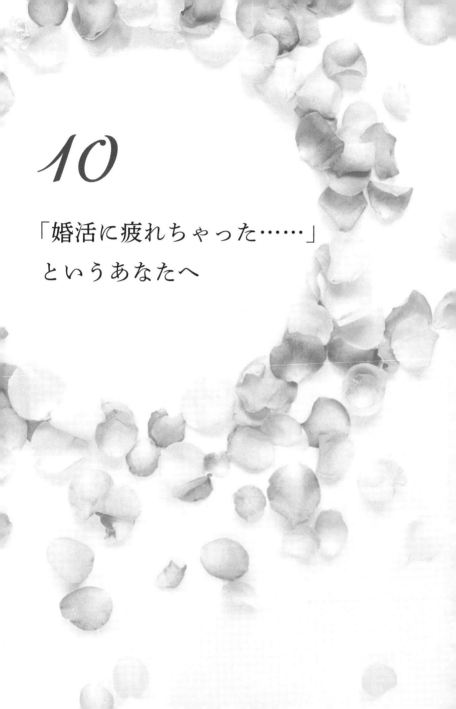

簡単にあきらめないで

先の見えない婚活に疲れてしまい、途中で婚活をやめてしまう人もいます。頑張っているはずなのに、なかなか結婚が決まらないと、「自分には結婚は無理なのかも……」という気持ちになってしまうこともあると思います。

しかし、せっかく婚活をはじめたのに、途中であきらめてしまうのはもったいないことです。もしかしたらもう少しで出会いがあるかもしれないのです。

例えば、幸福結婚相談所では、「1年間真剣に婚活しましたが、結婚が決まらないのであきらめようと思っています。もう次回からの交流会には行きません」と言ってこられた方に、「あと1回だけ参加してみませんか?」とお誘いして、参加していただいたところ、その交流会で結婚が決まったということもあります。

結婚のタイミングは人それぞれですから、どうか簡単にあきらめないでいただきたいと思います。

断られるのはお互い様

また、まじめに婚活している人ほど、断られた時のショックが大きすぎて、自信を失ってしまいがちです。人格や人生のすべてを否定されたような気持ちになってしまう人もいます。

しかし、婚活はあなたが一方的に選ばれているわけではなく、あなたも相手のことを選んでいるはずですから、「断られるのはお互い様」と割り切る考え方も必要です。真剣に婚活することは大切ですが、失敗してしまっても落ち込みすぎないで、次の出会いに向けて前向きに取り組んでいきましょう。

相手は必ずいる！

「5　男性が苦手なあなたへ」のコラムで、「親子は約束して生まれてくる」と説明しましたが、夫婦にも同じことが言えます。あなたは夫になるべき人と、結婚の約束をして生まれてきているのです。なかには、予定していた相手が事故で死んでしまったり、別の人と結婚してしまうこともありますから、普通は何人かの人と結婚の約束をしていることが多いようです（参考：大川隆法《おおかわりゅうほう》著『人生の発見』）。

ですから、「自分には縁がないんじゃないか」「結婚できない運命なんだ」と悩む必要はありません。自分の将来を悲観的に考えず、結婚して幸せな家庭を築いている自分の未来像をありありと描いておきましょう。

結婚はゴールではなくスタート

また、婚活に疲れた時には一度立ち止まって、「自分はなぜ結婚したいのか」という根本的なところをじっくり考えてみるとよいでしょう。

婚活をはじめたばかりの頃は、「幸せな家庭を築きたい」「子どもを育てる喜びを味わいたい」「誰かを支える人生を歩みたい」など、結婚したい理由を明確に持っていたと思います。しかし、婚活をしているうちに、いつのまにか結婚が目的になってしまっていることがあるのです。

なかなか相手が見つからないと、「とにかく早く結婚したい！」と焦ってしまうものですが、結婚が目的になってしまうと、「相手に何をしてもらえるか」「私をどれくらい幸せにしてくれるか」と考えるようになります。そのような女性はたいてい敬遠されますから、ますます相手が見つからなくなってしまいます。

そうではなく、「どういう人なら自分が幸せにすることができるか」「どういう相手となら一緒に幸せな家庭を築けるのか」という視点から相手を探してみてください。きっとふさわしい相手が見つかるでしょう。

結婚すれば無条件に幸せになれるというわけではありません。相手もそうですが、自分自身も努力しなければいけません。創意工夫なくして、家庭を築く喜びは得られないのです。幸せな家庭づくりは、婚活以上に努力が必要な面もあります。結婚は「ゴール」ではなく、「スタート」だということは忘れないでいただきたいと思います。

幸福結婚エピソード10

断られてもめげずに婚活

木村瞳さん（30歳）の場合

結婚が決まらない

瞳さんは、幸福結婚相談所に入会する前にお会いして、家族のことやそれまでの人生についてお聞きしました。私に話をしているうちに、瞳さんは自分自身を客観的に見ることができるようになったようで、「今のままではいけない！　もっと自分を変えていきたい」と感じ、結婚して新しい人生を歩むために幸福結婚相談所に入会されました。

瞳さんは「結婚して幸せな家庭を築きたい」と、強く願っているにもかかわらず、理想の相手像がはっきりしなくて、どんな人となら幸せな家庭を築けるのかがわからないと悩んでいました。そこで、身上書だけで相手を判断せず、とにかくご紹介した男性に一度は会ってもらうことにしたのです。

最初にご紹介した男性は、仕事熱心でまじめな方でした。直接会ってみた印象もよく、お付き合いしたいなと感じたそうですが、その男性は仕事が忙しくて、一度会ったきりで、交際に発展することなく白紙になってしまいました。

その後もご紹介を続けましたが、どなたともお付き合いにはいたらず、数人目の紹介で、ようやく結婚を考えられる男性と出会います。しかし、お互いの仕事が忙しくなってすれ違い、結局この男性とも結婚は決まりませんでした。

その頃から瞳さんは、「自分には結婚相手がいないのかもしれない」と悩むようになっていました。幸福結婚相談所に、「私の何がいけなかったんでしょうか」と相談に来たこともあります。紹介があるたびに、「今回の人がご縁のある人かもしれない」と真剣に会っていたので、白紙になってしまった時のショックが大きく、結婚そのものをあきらめてしまいそうになっていたのです。

「絶対に結婚できる！」

瞳さんに対して、私は「あきらめるのはもったいないですよ。深く考え込まないで、次の人に会ってみましょう。あきらめてしまいそうになったら、明るい未来を信じることが大切です」とアドバイスしました。

その後にご紹介した男性とは会う前のメールのやりとりで親近感があり、印象がとてもよかったので、瞳さんは期待を持って会いに行ったそうです。ところが実際に会ってみると、メールのトーンとは対照的に、話がまったく盛り上がらず、お付き合いには発展しませんでした。

会うまでの印象がよかっただけに、瞳さんはとても落ち込んでいる様子でしたが、「明るい未来を信じる」という言葉を思い出し、「私は絶対に結婚できる！」という気持ちを強く持ち続けてくれました。

たった一人の人に出会えればいい

そして、婚活をはじめて1年以上が過ぎた頃、瞳さんに木村さんという男性をご紹介しました。瞳さんは婚活を続けるうちに、「仕事を頑張っている方を支えて、尽くしたい」と思うようになっていたので、とても優秀で、これまで様々な苦労をされてきた木村さんならぴったりではないかと考えたのです。二人はお互いの第一印象もよく、一緒にいてとても居心地がよかったそうです。

瞳さんは木村さんに会うたびにその誠実な人柄に惹かれていきました。

そして、木村さんのこれまでの人生を聞いて、「この人を応援してあげたい」という気持ちになったことが決め手となり、結婚を決意されました。

◇　◇　◇

幸福結婚相談所は、可能性を限定しないためにも、いろいろな人をご紹介しますが、結局はご縁のある人と決まります。ですから、「私が○○だったから断られたのかな」などと考えたりして、そのたびに落ち込む必要はありません。

瞳さんも、最初は「どんな男性となら合うのかわからない」と悩んでいましたが、いろいろなタイプの男性にお会いしたことで、だんだん相手の理想像を具体的に描けるようになっていき、自分に合う人を見つけることができました。

結婚は、世界中の男性から好かれる必要はなく、たった一人の人に出会えればいいのです。ですから、婚活でうまくいかなくてもあまり深刻に受けとめすぎず、その一人に出会う時まで自分を信じて続けていきましょう。

Column

婚活ウツへの対処法

婚活中は容姿や職業、家柄などあらゆる面を相手から見られますから、相手に受け入れられないと自分のすべてを否定されたように感じてしまい、落ち込んだり、やる気がなくなったりしてしまうこともあるかもしれません。

ひどい場合は、自分に自信がなくなって、「婚活ウツ」になってしまい、仕事やプライベートにまで影響が出てしまう方もいます。

大川隆法《おおかわりゅうほう》先生は、ウツの症状に陥《おちい》ってしまった方に対して、自分をほめることの大切さを説いています。

「週に一回ぐらい、『こんな鬱《うつ》状態だし、まあ、たまには自分をほめてみるか』という気持ちを持ってもよいのです。
『自分には、少しはよいところもあるのではないか』と考えることです。少なくと

も、過去の自分と比べたら、何らかの成長をしています。『全部、失敗である。全部、以前より下がっている』ということはないのです。必ず何らかの面で進歩があります」

（大川隆法著『希望の法』92〜93ページ）

自分で自分のことをほめるのはなんだか恥ずかしい気持ちになるかもしれませんが、一人でいる時にほめてみたり、紙に書き出してみてもよいでしょう。

ほかの人と比べて自分のほうができていないと思ったり、思い描いた通りに事が運ばないと、どうしても、「自分はだめな人間なんだ」という気持ちから抜け出すことができません。

婚活に疲れて気分が落ち込んだ時には、結婚を焦る気持ちをいったん抑えて、まずは自分に自信を取り戻すことが大切です。

11

「年齢的に、もう無理？」と
あきらめかけている
あなたへ

「結婚したい」と思った時が適齢期

平均初婚年齢は上がってきていますが、まだまだ〝晩婚〟にネガティブな意見が多いので、いわゆる結婚適齢期を過ぎてしまった人のなかには肩身の狭い思いをしている人もいるでしょう。周りの目を気にして、「婚活していると思われるのは恥ずかしい」「今さら結婚なんて……」と考えてしまっている人もいるかもしれません。

しかし、周りの意見に振り回される必要はなく、年齢を重ねてからの結婚にはいいこともたくさんあります。

若い頃は仕事をしはじめたばかりで経済力、生活力がありませんから、結婚生活を維持するのは大変です。若いカップルの場合は、経済的な理由からお互いに不満が募《つの》り、離婚にいたるケースが多いのです。

それに対して、ある程度仕事で成功してキャリアを積んだ年齢になると、経済的にも精神的にも安定感がありますから、夫婦で衝突することは比較的少ないでしょうし、独身生活を十分満喫しただけに、家庭を持った喜びは大きいでしょう。結婚が遅いからといって、マイナスのことばかりではありません。容姿や体力は年齢とともに衰えてしまうものですが、精神的な魅力は年齢に関係なく、むしろ年を重ねるごとに磨かれていきます。

「結婚したい」と思った時が、あなたの適齢期ですから、あきらめの気持ちや、周りの目に流されず、未来ビジョンをしっかり描いて行動しましょう。

今は寿命が延びて、日本人女性の平均寿命は88歳、男性は82歳（２０２０年）です。現在60代であっても、残りの人生は20年以上もあります。その20年を一人で孤独に過ごすよりは、信頼のできる、愛する伴侶と過ごしたほうが、彩《いろど》りのあるよりよい人生が送れるのではないでしょうか。異性に対するあこがれやときめく気持ちを持つことは、いつまでも若々しく生きる秘訣でもあります。

何歳であっても、「今さら結婚なんて」と考えず、ぜひ積極的に婚活していただきたいと思います。

40代からの婚活はかわいげが大事

40代、50代で仕事一筋で頑張っていても、体調の変化などで将来に不安を感じるようになり、幸福結婚相談所に駆け込んでくる人も多くいます。

20代、30代は元気に働いていても、年齢が上がると急に体調を崩してしまう人もいますし、老後も含めて考えると、経済的に自立した生活ができる女性はほんの一握りです。将来のことをよく見すえ、１００歳くらいまでの人生プランをしっかり考えておくとよいでしょう。

しかし、慌てて婚活をはじめても、すぐにうまくはいきません。仕事で成功し、周りの人から尊敬されるような立場にいると、たいていはプライドが高くなっているので、肩に力の入った状態で婚活してしまいがちです。

そうした場合は、「自分をよく見せよう」と思わず、自然体の自分を愛して、ありのままの自分を受け入れてくれるパートナーを探すようにしましょう。特に、40歳以上の女性は自己主張しすぎずに、どこかかわいげのある雰囲気を出すことも大切です。

条件は捨てる覚悟を

プライドが高いがゆえに、相手の条件にこだわりが強いのもこの世代の特徴です。例えば、年齢、職業、年収、資産、学歴、容姿、結婚歴、親との同居、親の介護の有無、連れ子の有無、居住地域などたくさんのことが気になってしまい、なかなか結婚の決まらない方もいます。

しかし、40歳以降の婚活では、これまでの人生で形成された結婚相手の条件のなかから、何かを捨てる覚悟をしないといけません。

幸福結婚相談所で再婚相手を探していた50代の女性は、「年収８００～９００万円で、自分よりも年下の男性」という理想を持っていましたが、最終的には、条件とはまったく違う、「年収８００万円以下で、しかも自分よりも収入の低い、年上の男性」との結婚を決めました。

その女性は「思い描いていた理想とは違いましたが、一緒にいて安心できるし、とても尊敬できる方です。若い時なら結婚しなかったかもしれませんが、様々な人生経験を積んで、失敗もたくさんしてきたからこそ、相手を受け入れることができたのだと思います」と言っていました。

あなた自身の幸福を探しましょう

また、ある40代の女性は、幸福結婚相談所の交流会で「結婚したい」と思える男性に出会ったものの、その男性は前妻との間に5人の子どもがいて、義母の介護も必要な状態でした。友人からも「そこまでしてその人と結婚しなくてもいいんじゃないの?」と反対されるほど、条件はかなり悪かったのです。

その女性は、それまで「みんなが言う〝幸せ〟が幸せというものなのだろう」と考えていたのですが、「幸せは自分の考え方次第なのだ」と意識を変えたことで、結婚を決意しました。その女性は、家族はもちろん、近所の人からも「いいお嫁さんが来てくれた」と大歓迎され、幸せな毎日を送っています。

幸せのカタチは人それぞれです。周りの人の価値観に振り回されず、あなた自身の幸福を見つけられるようにしましょう。

幸福結婚エピソード11

恋に年齢は関係ない！

石川久美子さん（54歳）の場合

一人のほうが向いている？

久美子さんは20年間連れ添ったご主人と価値観の相違から離婚してしまい、再婚を考えて幸福結婚相談所に来られました。しかし、入会はしたものの、本気で結婚したいわけではなかったそうです。

入会の時には50歳を過ぎていたこともあり、「うまくいくかわからないし、再婚していいのかな？」「もしかしたら、私は一人のほうが向いているのかもしれない」と考えていました。

そのため、交流会の案内が届いても参加する気になれず、しばらくは婚活をせずに入会しているだけという期間が続きました。幸福結婚相談所に入会していることは知り合いには一切伝えず、職場の人にも気づかれないようにしていたそうです。

3年がたち、「せっかく入会しているのだから」と、交流会にも顔を出されるようになりましたが、婚活が目的というよりも、女性の友達に会うのが楽しみで参加しているようでした。

しかし、その友人たちも一人、また一人と結婚が決まって幸福結婚相談所を卒業していきました。ある時、結婚した友人から「久美子さん、本当に結婚したいと思っているの？」と聞かれたことで、ようやく結婚を真剣に考えはじめ、交流会での研修や祈願を素直に受けられるようになったそうです。

離婚経験がある二人

それから半年がたち、久美子さんは交流会で石川さんという男性と出会いました。石川さんは久美子さんよりも年上で、落ち着いた雰囲気があります。実は、私は石川さんがぴったりなのではないかと考えていました。それは、石川さんなら久美子さんの離婚経験や家庭の事情を受け入れてくれると思ったからです。

そこで、交流会中に「このなかに結婚相手がいるんじゃないですか？」と久美子さんに声をかけてみました。久美子さんはその言葉を聞いて、まっ先に石川さんの顔が浮かんだそうです。交流会後、久美子さんはぜひもう一度石川さんに会いたいと希望され、お引き合わせが決まりました。

久美子さんは離婚経験があることと前の夫との間に子どもがいることが気がかりで、会う前は不安な気持ちもあったようですが、石川さんを信頼して家庭の事情をすべて伝えたところ、「何も問題ありませんよ」と言ってもらえたそうです。石川さん自身も離婚経験があったので、久美子さんの気持ちが理解できたのでしょう。

そして交流会での出会いから数カ月後、二人から結婚の報告をいただきました。

恋に年齢は関係ない！

結婚後の久美子さんはとても若々しくなりました。久しぶりに会う知り合いからは「なんだかきれいになったね」と声をかけられるそうです。

久美子さんは「同年代の友達は自分の夫と会話をするのも嫌がっていますが、私はこの年になって、まだ恋愛感情を味わえていますので、主人には感謝しています。ドキドキしながら過ごせるのは、若さの秘訣かなと思います。ときめきアンチエイジングですね」とうれしそうに話していました。

◇　◇　◇

婚活をはじめた頃は、「今さら結婚なんて……」という気持ちもあった久美子さんですが、結婚すると決めてからは、私やスタッフのアドバイスを素直に聞いて、交流会にも必ず毎回参加し、研修や祈願も努力して受けられていました。

そして、最初は「経営者の男性と結婚して支えたい」という思いも持っていましたが、だんだん細かい条件にこだわるのをやめて、「あとは神様にお任せしよう」と思うようになったそうです。そうしたら自然と「必ず自分に合う人と出会える」と信じられるようになり、石川さんと出会ったのです。

石川さんはサラリーマンなので、久美子さんの最初に思い描いていた理想とは違いますが、それよりも一緒にいてほっとできることのほうが大事だと感じ、結婚を決めたのでした。

「結婚したい」と思ったタイミングが、あなたにとっての適齢期です。何歳になってからでも結婚は可能ですから、年齢だけで未来に限定をかけてしまわずに自分の可能性を信じて行動しましょう。

Column

離婚・再婚の考え方

40歳以降に幸福結婚相談所に来られる方のなかには、離婚して再婚を考えている人も多くいらっしゃいます。

離婚を経験した方は、「離婚歴があると、結婚してもらえないかもしれない」と考えてしまうかもしれませんが、寿命が延びて人生が長くなったぶん、離婚も再婚も経験する人が多くなり、珍しいことではなくなっています。ですから、離婚経験を深刻に受けとめる必要はありません。

大川隆法《おおかわりゅうほう》先生は、再婚相手との縁について次のように言及されています。

「現代の流動的な世の中では、離婚・再婚をする人々があまりにも増えていて、『運命の赤い糸というものがあり、その一本の糸だけで夫婦ができる』という考え方は、つじつまが合いにくくなっています。

もし、離婚・再婚の経験をすることになってしまっても、どうか、それを深刻に考えすぎないでください。新しいご縁を頂いた相手は、過去世《かこぜ》で、実際、自分に縁のあった人であることも多いのです」

(大川隆法著『勇気の法』209~210ページ)

時代の変化とともに、結婚のあり方も変わっていくものですから、「1本の運命の赤い糸」に縛られる必要はありません。

幸福結婚相談所では、幸せな再婚をした人がたくさんいますから、離婚をマイナスに考えすぎず、前向きに考えていきましょう。これまでの経験や教訓を生かして、きっと幸せな結婚生活を送れるはずです。

12

親のことが心配で
結婚に踏み出せない
あなたへ

10年後、20年後の将来を考えましょう

親と仲が良く、大切に育てられた女性は、親元を離れてお嫁に行くのを不安に感じることもあるでしょう。親が高齢で病気がちだと、なおさら心配で結婚に気持ちが向かないと思います。「両親の面倒を見ないといけないから、結婚はできない」と思い込んでしまっている人もいます。

しかし、ご両親は本当にあなたを実家に縛りつけようとしているのでしょうか？親は子どもの幸せを一番に考えてくれる存在ですから、結婚して幸せになってほしいと思ってくれているはずです。

実は、「親が心配で結婚できない」と言う人は、心のどこかに、「結婚するよりも、親と一緒にいるほうが安心で楽だな」という気持ちを持っていて、本心では結婚したくないと思っている人が多いのです。

仕事が楽しく、そこそこの収入もあって、何不自由なく実家で暮らしていると、その楽な生活をやめてまで結婚しようという気持ちにはなれないのかもしれません。

しかし、今は独身で何の問題もなく自由気ままに生きていられるとしても、40歳、

50歳、60歳になった時のことを考えてみてください。いずれは両親の介護、また自分自身の病気やケガなど、一人で解決できない問題に直面する可能性も多々あります。

以前、ある男性が親の介護のことで相談に来られたことがあります。その男性は、母親が認知症になってしまい、母親の面倒を見てくれる人が見つからなくて困っていました。経済的な理由で介護施設やヘルパーに頼ることもできず、「自分が仕事を辞めてアルバイトをしながら介護するしかない」と思い詰めていたのです。

結局この男性は、幸福結婚相談所でご紹介した女性と結婚することができ、二人で協力し、問題を乗り越えることができましたが、世の中には、相談できる伴侶がおらず、一人で悩みを抱えている人はたくさんいます。

親を大切にする気持ちは素晴らしいことですが、実際に介護となると一人で乗り越えるのは困難ですし、親はあなたの人生に責任を持つことはできません。あなたにはあなたの人生があるわけですから、自分の人生に責任を持ち、将来のことを考えていきましょう。

適度な距離をとっていきましょう

子どもの結婚を心配し、「早く結婚しなさい」と急《せ》かす親が多いと思いますが、なかには、大切に育てた子どもが結婚して離れていくのを寂しく思い、「結婚しないで、ずっと家にいてもいいのよ」と言う親もいるでしょう。

昔は一つの家族に子どもがたくさんいたので、親は早く子どもを結婚させたいと思ったものですが、最近は一人っ子や子どもの数が少ない家庭が増え、子どもに手をかける時間が増えています。そのため、子どもが大きくなっても干渉し、子離れしにくくなっている面があります。

なかには子どもの結婚に反対する親までいます。幸福結婚相談所で結婚が決まったある女性は、母親に結婚の報告をしたところ、「お母さんを捨てるの?」と言われて結婚を反対されてしまいました。その母親は、娘は結婚しないものと思い込み、将来は自分の面倒を見てくれると期待していたため、実家から離れたところに嫁いでしまうことが寂しくて、思わず反対してしまったのです。「結婚して幸せな姿を見たら、お母さんもきっと納得してくれますよ」と励まし、私からもそのお母様にお話をしましたが、説得には時間がかかりました。

もしあなたの親も子離れできていないようであれば、結婚に向けて、あなたのほうから少しずつ適度な距離をとっていきましょう。

親から自立するポイント

親から自立するうえで大切なポイントは二つあります。

一つ目は、「精神的自立」です。親との関係を振り返ってみて、何でも親に相談し、意見に従っているということはありませんか。例えば「親が認めてくれた人じゃないと結婚できない」と考える人もいますが、結婚するのはあなたであって、親ではありません。最終的には、自分で結婚相手を見極めなくてはいけません。

親を尊敬し、感謝する気持ちを持ちながらも、自分の意見を持って親に接するようにすることが大事です。

二つ目は、「経済的自立」です。結婚を考えるならば、責任ある大人として経済的に自立することは最も大切と言えるでしょう。また、親から自立していない人のほとんどは、実家で暮らしているか、近くに住んでおり、よく行き来していることが多いのです。

親への甘えを断ち切るために、特別な理由がない限りは、親元を出て一人暮らしをして、生活力を身につけるのも一つの方法です。

一方で、真に自立した人間は、感謝する気持ちを持っていなければいけません。「自分の人生は自分でつくっていく」という自立する精神と、「親のおかげでここまで成長できた」という感謝の気持ちの両方をバランスよく持ちましょう。

幸福結婚エピソード12

結婚できないのは家族のせい？

高橋千尋《ちひろ》さん（42歳）の場合

お母さんが心配で……

千尋《ちひろ》さんは友人の紹介で幸福結婚相談所に入会されましたが、交流会にはしばらく参加されず、婚活に積極的ではない様子でした。「結婚したい」という気持ちはあったものの、結婚を本気で考えられない事情があったのです。

千尋さんは母親と障害を持った兄の3人で暮らしていました。父親はすでに亡くなっており、母親は兄につきっきりだったため、家族に迷惑をかけないよう、自分のやりたいことを我慢してきたそうです。それで、幸福結婚相談所に入会したものの、家族のことが心配で、結婚に踏み切れずにいました。

私からは、「一人で抱え込まないで、結婚してパートナーと冷静に話し合えば、いい解決策が出てくることもありますよ。男性と女性では考え方が違うから、協力すると今まで思いもよらなかったアイデアがきっと出てきます。結婚は千尋さんにとって、プラスになるはずです」と励ましていました。

そして入会から数年がたった頃、地方で開催予定の交流会にお誘いしました。「結婚相手は地元で探す」と考えていた千尋さんは、地元から遠い地域で開催される交流会と知って、参加をためらっていましたが、「結婚相手を探さなくてもいいですから、研修を受けてリフレッシュしてはいかがですか？」と提案したところ、それならばと参加されました。

その交流会で、千尋さんは高橋さんという男性と出会いました。高橋さんはとても話しやすくて、ほかの男性にはない頼もしさや器の大きさを感じたそうです。交流会後も千尋さんは高橋さんと何度か会い、結婚を意識するようになっていきました。

しかし、高橋さんの住んでいるところは千尋さんの地元からは遠く、結婚すれば実家から離れたところで暮らすことになってしまいます。千尋さんは「自分が家族の近くにいてあげないといけない」「遠くにお嫁に行くことはきっと家族に反対される」と考えていたので、とても悩んでいました。

思いがけない反応

千尋さんは家族のことを伝えると「重い」と思われるのではないかと考え、相手に伝えられずにいました。高橋さんと出会う前にも幸福結婚相談所からご紹介した男性が何人かいたのですが、その方々の時も家族のことを伝えられず、なかなか結婚が決まらなかったのです。

そんな時、幸福結婚相談所のスタッフから「いつも自分一人で解決しようとしているけど、不安なことを相手に隠したままだと前に進めませんよ。言いたいことを我慢しないで、家族のことが心配という気持ちを高橋さんに素直に伝えてみてはいかがでしょうか」と言われたそうです。それを聞いた千尋さんは、嫌われてしまうかもしれないと思いながらも、家族の事情をすべて打ち明けました。

すると、高橋さんは「お母さんとお兄さんも一緒に来ればいいですよ。結婚するということはお兄さんとも縁があるということだと思うから、お兄さんのことも理解できるように努力します」と言ってくれたそうです。高橋さんの家族も、同じように千尋さんの家族の事情を受け入れてくれました。

そして、自分の母親にも結婚の報告をしたところ、意外にも、「千尋が幸せになるなら、どこに行ってもいいよ」と、とても喜んでくれたのです。その時やっと、「母親と兄のために自分が我慢しなければならない」と思っていたのは、ただの取り越し苦労だったと気がついたそうです。

千尋さんは母親の喜ぶ姿を見て、安心して結婚を決意することができました。

親離れできていなかっただけ

結婚後、今はまだ母親とお兄さんはもとの家で暮らしていますが、一緒に暮らしていた時よりも母親との信頼関係は深まったそうです。

また、「家族が心配で結婚できない」と考えていた千尋さんでしたが、自分がいなくてもきちんと生活できている母親と兄を見て、実際は自分が親離れできていなくて、結婚しない理由を家族のせいにしていただけだったと振り返っていました。

「身内に障害を持った人がいるから」と結婚することに引け目を感じていた千尋さんは、その自己限定を外して「高橋さんと結婚して幸せになりたい」という自分の気持ちに素直になり、相手に正直に相談したことで、結果的に家族のことを本気で一緒に考えてくれる人と結婚することができたのです。

◇　◇　◇

家族が心配で結婚に踏み切れない人は、千尋さんのように取り越し苦労をしてしまっているかもしれません。親はあなたの幸せを一番に考えてくれている存在ですから、あなたが結婚して幸せになれば誰よりも喜んでくれるはずです。

家族のことを思う気持ちはなくしてはいけませんが、将来、結婚できなかったことをその家族のせいにしないためにも、これからの人生をどう生きていきたいのかを真剣に考えてみましょう。

Column

これからの人生を誰と過ごすのか

親が心配で結婚できないという方は、晩年まで含めて自分の将来を考えてみるとよいでしょう。

「自分は結婚をしないで親の面倒を見る」と思っていても、あなたが60歳、70歳になった時には、親はすでに亡くなって、あなた一人になっているでしょう。そうなった時に、本当に後悔しないでしょうか。もし、親を恨んでしまうようなことになるのならば、やはり結婚を考えておくべきだと思います。

大川隆法《おおかわりゅうほう》先生は、この問題で悩んでいる女性に対して、次のように回答されています。

「私が提案したいことは、あなたが残りの人生をご両親といっしょに暮らすとして、いっしょにいられる時間と、あなたが夫となるべき人と家庭をもって暮らす時間の

どちらが長いか、ということを考えなければならないのではないかということです。
（中略）
これは年数から言っても、その後の人生の幸・不幸からみても、やはり、あなたがこの人と結婚したいというその気持ちをたいせつにするほうがよいと思います」

（大川隆法著『幸福のつかみ方』78〜79ページ）

結婚して親元を離れるのは、親不孝なことではありません。あなたが両親からもらったたくさんの愛情を、今度はあなた自身が生まれてくる子どもに与えてあげればいいのです。そしてあなたの子どももまた、次の世代へと愛情をつないでいくことで、未来がつくられていくのです。

親への感謝の気持ちを持ちつつも、自分の人生は親から独立したものとして考えて、未来設計をしていきましょう。

おわりに

〝赤い糸で結ばれた〟〝縁を結ぶ〟など結婚に纏《まつ》わる言葉を耳にするたびに、「なんと宗教的で霊的な言葉なのだろう」と私は思います。

幸福結婚相談所は２０１６年、開所して10周年を迎えることができました。現在、東京、栃木（総本山）、名古屋、大阪、福岡に支所があり、来所されるみなさまの人生に寄り添い、幸福結婚に向けてお手伝いさせていただいております。

今まで、数千名の方々と向き合う機会を得ましたが、当たり前ながら、誰一人として同じ人生を歩む人はおられません。大川隆法《おおかわりゅうほう》先生の「人生は一冊の問題集」というお言葉通り、１００人いれば１００通りのエピソードがあり、人生の花の咲かせ方は実に様々なものだと実感いたしております。

そのなかで最も大切なことは、「真実の人生とは」、「本当の幸福とは」いかなるものかを探究し続ける心の姿勢と、勇気ある実践だと思います。

「婚活」は、自分探しの旅でもありますし、親から自立し、自分の人生をデザインする次なるステップとなる大切なものです。本文をお読みいただいておわかりのように、親である私たちもまた、子どもの婚活を通して、自分たち夫婦のあり方や子どもとの関わり方を振り返り、人生の完成期を素晴らしいものにするためにイノベーションしなくてはなりません。

私や携わるスタッフにとりましても、この10年間は、信じることの尊《とうと》さと、愛することの素晴らしさをより深く学ばせていただいた10年でもありました。試行錯誤し、時には悩み苦しむこともありましたが、常に注がれる智慧《ちえ》と慈悲の御光《みひかり》のなかで、大川隆法先生の説かれる仏法真理《ぶっぽうしんり》に心を合わせ、日々祈りながら入会者のみなさまと向き合わせていただきました。

私たちは、「縁あって入会された方々に、婚活を通して、より素晴らしい人生を歩んでいただきたい、もっと幸せになってほしい」という願いを込めて、幸福結婚相談所を運営しています。

豊かな日本そして世界の未来創造に向けて、色とりどりの家庭ユートピアの花を咲かせたいと心より願い、幸福結婚の扉を温かく開け放ち、多くのみなさまのご来所を心よりお待ち申し上げております。
最後に、体験談を寄せてくださったみなさま、編集に携わってくださったみなさまに心より感謝申し上げます。

2017年1月10日

幸福結婚相談所所長　横森しず香

『幸福結婚をあなたへ』参考文献

大川隆法著『限りなく優しくあれ』（幸福の科学出版）
大川隆法著『心を癒す ストレス・フリーの幸福論』（同右）
大川隆法著『青春の原点』（同右）
大川隆法著『常勝思考』（同右）
大川隆法著『幸福へのヒント』（同右）
大川隆法著『不動心』（同右）
大川隆法著『幸福のつかみ方』（同右）
大川隆法著『女性らしさの成功社会学』（同右）
大川隆法著『人生の発見』（同右）
大川隆法著『希望の法』（同右）
大川隆法著『勇気の法』（同右）

横森しず香（よこもり・しずか）

山梨県甲府市生まれ。1男2女の母。1990年より幸福の科学に奉職。幸福結婚相談所の開所に伴い、2006年より同所所長。相談者一人ひとりと真剣に向き合い、母のように厳しくも温かいアドバイスで多くの人々を幸福結婚へと導いている。

幸福結婚をあなたへ

理想のパートナーが見つかる12のヒント

2017年 2月 9日 初版第1刷
2022年 1月 19日 第2刷

著　者　横森 しず香

発行者　佐藤 直史

発行所　幸福の科学出版株式会社

〒107-0052 東京都港区赤坂2丁目10番8号
TEL (03) 5573-7700
https://www.irhpress.co.jp/

印刷・製本　中央精版印刷株式会社

落丁・乱丁本はおとりかえいたします

ISBN978-4-86395-872-2 C0030

大川隆法 ベストセラーズ　幸せな恋愛のヒント

恋愛学・恋愛失敗学入門

「なぜ、だめんずと別れられないの？」「理想の相手をつかまえるには？」「結婚に焦ってしまう時はどうすればいい？」幸せな恋愛・結婚をするためのヒントがここに。

1,650円

ハウ・アバウト・ユー？

幸せを呼ぶ愛のかたち

あなたは愛を誤解していませんか。他人や環境のせいにしていませんか。恋人、夫婦、親子の関係を好転させる「ほんとうの愛」とは何かが分かりやすく綴られた一書。

1,320円

青春の原点

されど、自助努力に生きよ

あなたが恋愛中、守護霊はどんな働きをしているの？「天国的な恋愛」「地獄的な恋愛」とは？ 恋愛論から勉強の意味まで、未来投資のための「現代の自助論」。

1,540円

幸福結婚相談所のご案内

幸福結婚相談所は、真実の人生観を基にした自分探しと、幸福結婚・家庭ユートピア創りをサポートしています。入会された方は、個別相談のほか、全国の幸福の科学の精舎で定期的に開催される「精舎修行＆交流会」等に参加できます。皆様の魂の成長と幸福な出会いを応援しています。

「幸福結婚の会」

初婚、再婚に関わらず、男性25歳以上（経済的に独立している方）、女性20歳以上の幸福の科学の信者の方で、幸福結婚を心から望んでおられる方でしたらどなたでも入会いただけます。

「『幸福結婚』家族の会」

未婚のお子様（家族）を持つ親（家族）の具体的な相談窓口として、「子ども（家族）が結婚を考えない、結婚ができない」という悩みの解決に向けて、親子関係や結婚に対する考え方、人生問題へのアドバイスなどを行っています。未婚の家族を持つ幸福の科学の信者の方は、どなたでも入会いただけます。

お問い合わせ

◇東京本所　東京正心館５Ｆ　TEL 03-5962-7770
FAX 03-5962-7771　e-mail happy-marriage@happy-science.org

◇総本山支所　総本山・未来館４Ｆ
e-mail happy-marriage@happy-science.org

◇名古屋支所　名古屋正心館２Ｆ　TEL 052-433-7881
FAX 052-433-7890　e-mail ns.happy-marriage@happy-science.org

◇大阪支所　大阪正心館５Ｆ　TEL 06-4300-7172
FAX 06-4300-7173　e-mail os.happy-marriage@happy-science.org

◇福岡支所　福岡正心館６Ｆ　TEL 092-406-7623
FAX 092-406-7624　e-mail fs.happy-marriage@happy-science.org

幸福の科学　幸福結婚相談所　検索